W0064444

ACHTSAM GRÜN LEBEN

ACHTSAM GRÜN LEBEN

100 einfache Möglichkeiten, die Geld sparen und die Umwelt schonen

Johan Tell

MENTOR VERLAG

ISBN: 978-3-948230-07-4
1. deutschsprachige Ausgabe, 1. Auflage 2019
© 2019 Mentor Verlag, Berlin, Deutschland
Alle Rechte vorbehalten
www.mentor-verlag.de

Du hast Fragen, Ideen oder Anregungen?
Melde dich per Mail bei uns: service@mentor-verlag.de
Wir freuen uns!

Veröffentlicht in deutscher Sprache in Absprache mit Bonnier Rights, Stockholm, Schweden
Schwedischer Originaltitel: „Ekologik"
ISBN 9789171264565
© 2018 Bokförlaget Max Ström, Stockholm, Schweden
© 2018 Johan Tell (Text)

Dieses Buch wurde mit Unterstützung von Apotea, Climeon und SEB hergestellt

Gestaltung und Illustrationen: Lukas Möllersten, Lyth & Co
Recherche: Victoria Bignet, Stockholm Resilience Centre
Repro: Italgraf Media
Druck und Bindung: Balto Print, Litauen

Nachhaltig – in jeder Hinsicht

ALLEIN WANDERE ICH im Gebirge einen Tierpfad immer höher. Ich höre und sehe keinen Menschen – und das schon seit Stunden. Auf der anderen Seite einer Schlucht, die vor Herbstfarben in der klaren Luft leuchtet, entdecke ich eine Herde Rentiere. Sie ignorieren mich komplett.

Regelmäßig schaue ich auf mein Handy, in dem ich die App für die Höhenmessung geöffnet habe: 876 Meter, 901, 937, 976 und schließlich 1.008 Meter.

Ich mache Rast und schenke mir etwas Kaffee aus der Thermoskanne ein, den ich an der höchsten Fichte der Umgebung genieße. Ein etwas kümmerlicher Baum, ein bisschen wie ein Seezeichen, aber er wirkt dennoch gesund. Das Merkwürdige ist, dass er 258 Meter über der 1915 festgelegten Baumgrenze wächst. Innerhalb von etwas mehr als 100 Jahren hat sich die Baumgrenze – nach meiner absolut unwissenschaftlichen Berechnung – jährlich um zweieinhalb Meter verlagert.

Wer glaubt, die globale Erwärmung sei ein Problem der Zukunft, hat nichts verstanden. Die Zukunft ist bereits da, und sie ist heiß. Das zeigt sich ganz deutlich an dem Baum, der mir beim Kaffee Gesellschaft leistet. Die schwedische Natur erwacht mittlerweile früher im Jahr – die immer frühere Blüte bemerken nicht zuletzt Allergiker. Die Vegetation breitet sich immer weiter nach Norden und in höhere Ebenen aus. Dem folgt auch die Tierwelt: Regenwürmer im Gebirge, Spanische Wegschnecken in Umeå und die invasive Fischart Schwarzmund-Grundel erobert immer mehr Raum in der Ostsee.

Nachhaltiges Leben bedeutet vereinfacht ausgedrückt, dass wir danach streben sollten, die Welt unseren Kindern im selben Zustand zu übergeben, wie wir sie von unseren Vorfahren erhalten haben. Die Fichte auf 1.008 Metern signalisiert, dass es schwer wird, dies umzusetzen.

Als die UN-Generalversammlung 2015 die 17 globalen Ziele für nachhaltige Entwicklung annahm, lautete die Überschrift für Nummer 13 „Bekämpfung des Klimawandels" – und hier kommen die Fichten oberhalb der schwedischen Baumgrenze ins Spiel.

Seit Beginn der Messung der globalen Durchschnittstemperaturen Ende des 19. Jahrhunderts wurden die 16 wärmsten Jahre in den 2000er-Jahren registriert.

Dass Fichten in Schweden oberhalb der früheren Baumgrenze wachsen, kann als positiv aufgefasst werden, weil jeder neue Baum zur Verlangsamung des Treibhauseffektes beiträgt. Das stimmt natürlich auch, aber dieser kleine Nutzen wird stark von den Problemen überlagert, die mit der Klimaerwärmung einhergehen. Zum Teil sind das lokale Auswirkungen, aber auch globale. Vor Ort wird die einzigartige Gebirgsflora verdrängt, wenn sich Fichten und Birken oberhalb der Baumgrenze ansiedeln. Außerdem wird die Nahrungssuche für die Rentiere problematisch, weil wärmere Temperaturen im Winter zur Harschbildung führen, die es den Tieren erschwert, Futter zu finden. Und wenn die Sommer wärmer werden, vermehren sich die Mücken, was die Rentiere höher und weiter ins Gelände treibt. Aus globaler Sicht führen die Klimaveränderungen zu mehr extremen Wetterlagen, Naturkatastrophen, zum Verlust der biologischen Vielfalt und zum Anstieg der Meeresspiegel. Neueste Forschungen deuten darauf hin, dass Letzteres unsere globalen Meeresströmungen wie den Golfstrom bedroht.

Bei der ökonomischen Auswirkung der Erderwärmung zählt Schweden zu den Ländern, die glimpflich davonkommen. Laut der Notre Dame Global Adaptation Initiative nimmt Schweden den vierten Platz ein, während es die ohnehin armen Länder wie Eritrea, Tschad oder Somalia am schlimmsten trifft. Da ist es ironisch, dass ausgerechnet die Länder, die am wenigsten zum Klimawandel beigetragen haben und die schlechtesten Anpassungs- und Schutzmöglichkeiten haben, (bereits jetzt) physisch und wirtschaftlich am härtesten getroffen werden.

Obwohl alle Länder weltweit außer Norwegen, Neuseeland und Finnland teurer bezahlen müssen als Schweden, hat der Klimawandel auch hier schon beträchtliche Summen verschlungen. Halmstad im Südwesten musste einen höher gelegenen Hafen bauen, Karlstad am Vänernsee hat ca. 7,5 Millionen Euro in den Bau von Dämmen investiert und einen Kommunaldienst mit dem Namen „Überschwemmungskoordination" eingerichtet. Und Teile von Österlen in Südschweden sind auf dem Weg, im Meer zu versinken, um nur einige Beispiele zu nennen.

Wer immer noch glaubt, dass Maßnahmen zur Verbesserung des Klimas zu teuer sind, sollte bedenken, dass die Versicherungsgesell-

schaften weltweit über 100 Milliarden Euro Schadenersatz für extreme Wetterlagen und Naturkatastrophen zahlen, die in vielen Fällen als Folge der globalen Erwärmung eingestuft werden und immer mehr zunehmen.

Ein Trost bei der globalen Erwärmung besteht darin, dass der Mensch sie verursacht hat. Und das, was wir verursacht haben, können wir auch – in gewissem Maß – wieder rückgängig machen. Wir wissen, was getan werden muss – wir wissen es bereits, seit der Schwede Svante Arrhenius 1896 seine Erkenntnisse darüber veröffentlichte, dass der Anstieg der Kohlendioxidmenge in der Atmosphäre zur Erhöhung der globalen Durchschnittstemperatur führen werde.

Heute ist auch klar, dass wir alle zur globalen Erwärmung beitragen, dies war schon lange vor Arrhenius' Zeit so. Wir wissen, dass die Menge an Kohlendioxid in der Atmosphäre durch die Nutzung von zu vielen fossilen Energien wie Kohle, Öl und Gas ansteigt und dass Kohlendioxid mit anderen Treibhausgasen einen unsichtbaren Dunst bildet, der die Erde umgibt und höhere Temperaturen verursacht. Allerdings sind wir uns nicht darüber einig, wie wir diesen Verbrauch senken können, und ruhen uns deshalb auf dem Gedanken aus, dass andere auch mehr tun könnten. Das ist wie mit dem Begriff Überbevölkerung. Wir glauben, dass es zu viele Menschen in anderen Gegenden gibt, während unsere eigene Anzahl ganz in Ordnung ist – nicht wir sind das Problem, sondern die anderen, die den „Überschuss" ausmachen.

Aber die eigene Klimaarbeit darauf zu beschränken, das viel zu große Auto des Nachbarn, den Motorrasenmäher, überflüssige Heizpilze und Thailandreisen zu kritisieren, ist nicht konstruktiv. Am Ende finden wir, dass der ganze Nachbar überflüssig ist, und das führt zu schlechter Stimmung in der Nachbarschaft.

Den anderen zu verdammen, hat oft einen ungesunden Beigeschmack. Bleiben wir bei den Flugreisen. Meist werden Flüge nach Thailand als Beispiel angeführt. Vermutlich, weil Thailand als ziemlich überflüssiges Reiseziel betrachtet wird. Wir können nach London, um Museen zu besuchen, nach Paris wegen der Kunst, nach Kenia wegen der Tiere, nach Peru wegen der Inkakultur usw. Aber Thailand? Strände, billige Drinks, Sextourismus? Thailandreisen müssen oft herhalten, wenn Flugkritiker ihre moralische Entrüstung äußern.

Trotzdem müssen wir insgesamt weniger fliegen.

Aber wer fliegt, kann als Gegenargument liefern: „Ich habe keinen Hund" – da manche der Meinung sind, ein großer Hund habe eine ähnlich hohe Auswirkung auf das Klima hat wie eine Thailandreise und eine noch größere als ein SUV, der 10.000 Kilometer im Jahr gefahren wird.

Tierbeispiele können zahlreich bemüht werden: Eine Katze hat denselben Einfluss auf das Klima wie ein Kleinwagen, ein Hamster wie ein mittelgroßer Flatscreen und alle Hunde und Katzen der USA zusammen haben denselben ökologischen „Pfotenabdruck" wie 62 Millionen Menschen. Und wie auch das Fliegen zunimmt, werden auch unsere Haustiere mehr und mehr. In den letzten Jahren ist die Anzahl der Hunde und Katzen in Schweden um 80.000 angestiegen. In Schweden leben heute auch mehr Pferde als Kühe.

Ein jährlicher Fernflug, ein normalgroßes Auto, ein Hund, drei Katzen – was soll wegfallen? Der Vergleich von Lebewesen mit toten Dingen ist natürlich geschmacklos, aus Klimasicht ist die Frage jedoch nicht irrelevant. Denn das Klima ist nicht sehr empathisch.

Als bei einer Umweltdebatte vorgeschlagen wurde, Haustiere abzuschießen, kam das nicht wirklich gut an. Aber es kann helfen, sich daran zu erinnern, dass alles zusammenhängt und Einfluss auf das Klima hat. Deshalb sollten wir erst nachdenken, bevor wir das Verhalten anderer als schädlich für das Klima beurteilen. Der langen Rede kurzer Sinn – wenn man nicht mehr fliegt, aber als Kompensation für die verschlechterte Lebensqualität vielleicht einen Hund und ein paar Katzen anschafft, hat man vielleicht nicht ganz so viel für das Klima getan, wie man glaubt.

Wir müssen feststellen, dass wir nicht mehr machen können, als das Wissen darüber, was getan werden müsste, zu verbreiten und dann zu hoffen, dass der Nachbar und alle anderen etwas unternehmen, um nachhaltiger zu leben. Vielleicht, dass sie sich als Ziel setzen, den eigenen Klimaeinfluss alle zehn Jahre zu halbieren oder bis 2030 emissionsfrei zu werden oder den Garten von Umweltgiften zu befreien, Plastik zu verbannen oder Imker zu werden, die Armut zu bekämpfen – oder etwas anderes, das von den 17 globalen UN-Nachhaltigkeitszielen umfasst wird.

Nachhaltige Lösungen müssen nicht besonders anstrengend sein oder die Lebensqualität verschlechtern. Es geht selten darum, auf etwas zu verzichten, sondern darum, die richtige Wahl zu treffen. Wichtig ist, es als positive Herausforderung zu betrachten und keine Schreckensszenarien zu entwerfen. Wenn die Zukunft rabenschwarz erscheint, kann das eher zum Leugnen des Problems führen, Panik oder Scham erzeugen oder bewirken, dass andere beschuldigt werden.

Aber Tipps in die richtige Richtung können eine große Wirkung haben: halb so viel Kleidung kaufen, dafür in doppelt so guter Qualität; weniger Rindfleisch essen, dafür nur Fleisch von Naturweiden; das Auto jedes zweite Mal stehen lassen und stattdessen zum Geschäft, zur Vorschule oder zum Sport mit dem Rad fahren.

Das Schöne bei vielen nachhaltigen Tipps ist, dass sie gleichzeitig zur Aufwertung des eigenen Lebens führen: Wir werden gesünder, kräftiger und vielleicht sogar ein bisschen schöner.

Das gilt auch für das Umweltproblem. Auch hier kann selbst geringes Wissen einen Unterschied machen und bedeutsam werden. Schluss mit dem Herunterspülen von Chemikalien in Toiletten, und den Meeren wird es besser gehen; Schluss mit Gift im Garten, dann befruchten Hummeln und Bienen die Obstbäume; die EU-Parlamentarier wählen, die Zugreisen ins Ausland bevorzugen.

Kleine Entscheidungen haben globale Auswirkungen. In kenianische Sonnenenergie investieren, um Petroleumlampen zu ersetzen, damit die Kohlendioxidemission senken und die Möglichkeit erhöhen, Hausaufgaben zu machen, oder ökologischen Safran aus Afghanistan kaufen, damit aus dem Landwirt kein Taliban wird, um nur zwei Dinge zu nennen. Alles hängt zusammen.

Viel muss getan werden. Und vieles wird bereits getan. Wie die Sache mit den Solarzellen, von der Energiebranche lange mit Desinteresse gestraft. Heute ist es billiger, Strom in großem Stil aus Solarzellen zu produzieren als aus Öl und Kohle. Das ist revolutionär. Und die Entwicklung ist nicht nur in südlichen Ländern nutzbar: Kiruna in Nordschweden hat tatsächlich genauso viele Sonnenstunden wie Paris. Heute stehen die größten Solarparks in China, während Bangladesch mit über 4 Millionen Einheiten weltweit führend bei Solarzellen für den Hausgebrauch ist. Wer hätte das vor zehn Jahren gedacht? Heute gibt es über 100 Städte, darunter Stockholm, die ihre Elektrizität zum größten Teil aus erneuerbaren Energien gewinnen. Auch das fühlt sich wie eine wahr gewordene Utopie an.

Außerdem fahren wir mehr Zug, kaufen mehr ungespritztes Obst, entscheiden uns oft für Biowein und trennen unseren Abfall.

Wir haben viele gute Entscheidungen getroffen.

Aber das reicht nicht aus.

Wir müssen unsere klugen Entscheidungen steigern, damit wir alle zum Stopp der schlimmsten Umweltprobleme beitragen und die globale Erwärmung reduzieren können.

Und gleichzeitig das Wandern der Baumgrenze bremsen.

POWER
GLUE

SUPER

PFLEGE DEINE SACHEN

Entscheide dich für wenige, dafür gut gemachte und nachhaltige

So gut wie alles, was wir kaufen, sei es noch so regional produziert und umweltzertifiziert, bedeutet eine weitere Belastung für Umwelt und Klima. Wir können uns kein nachhaltigeres Leben kaufen. Gleichzeitig können wir nicht bei jedem kleinen Kauf ein schlechtes Gewissen haben – wir brauchen Lebensmittel, Bekleidung etc., um ein lebenswertes Leben zu führen. Aber wir können unseren Umwelteinfluss durch klügeren Konsum reduzieren. Kauf Dinge, die du wirklich magst und benutzt, die nicht schädlich sind, lange halten und deshalb nicht so häufig ersetzt werden müssen.

1

Kauf Qualität

KAUF NUR DAS, was lange hält. Kauf nichts, an dem du den Spaß verlierst. Außerdem solltest du wirklich nur verschlissene Dinge entsorgen.

Der Durchschnittsamerikaner kauft mehr als sieben Paar Schuhe im Jahr. Das ist nicht nachhaltig. Denn alles, was auf die ein oder andere Art produziert wird, bringt Umwelt- und Klimaprobleme mit sich: bei der Produktion, beim Transport und schließlich bei der Entsorgung.

Nur wenige können sich handgemachte Winterstiefel leisten, die ein Leben lang halten. Aber alle können umdenken und zum Beispiel nur die Hälfte kaufen, dafür aber mit doppelt so langer Haltbarkeit.

Ein Paar Winterschuhe sollte zehn Jahre halten, ein Fahrrad 20, ein Wollrock 30 und ein Küchentisch drei – Generationen! Niedrig angesetzt.

Sei bereit, mehr zu zahlen, das aber seltener.

2

Reduziere deinen Kram

DENN EINEN NACHHALTIGEN LEBENSSTIL kann man nicht kaufen. Energiesparlampen, Öko-Kleidung und Möbel mit FSC-Zertifikat in allen Ehren, aber wir müssen einsehen, dass wir nicht weiter so einkaufen können wie bisher.

Wir können uns nicht ständig neue Kleidung kaufen, auch wenn sie aus Öko-Baumwolle besteht, nicht immer neue Autos, auch wenn sie den Superumweltrabatt haben, nicht immer wieder einen neuen Rechner, auch wenn er ein Umweltlabel trägt.

Denk daran, dass jedes Produkt im Grunde einen eingebauten Kohlendioxidausstoß in sich trägt, der von seiner Produktion und vom Transport stammt.

Folgendes Mantra kann helfen:

kein Bedarf – kein Kauf.

Bedarf – leihen oder mieten.

Bedarf an Besitz – gebraucht kaufen.

Bedarf an Neuem – nachhaltig kaufen.

Neues rein, Altes raus – nicht wegwerfen, sondern verkaufen oder verschenken.

In Schweden gibt es am Freitag zwischen dem 23. und 29. November den „kauffreien Tag". Das sollte nicht der einzige im Jahr sein. Warum nicht einen kauffreien Tag pro Woche einführen? Zum Beispiel am Sonntag. Kommt einem irgendwie bekannt vor.

3

Schenk deinen Dingen mehrere Leben

SIE SIND ES WERT. Um unsere Dinge herzustellen, sind Energie und natürliche Ressourcen nötig, außerdem verschiedene Materialien und nicht selten ein Quäntchen Liebe. Klima, Umwelt und auch das Portemonnaie profitieren, wenn defekte Produkte repariert werden können, statt sie neu zu kaufen.

Ist man unsicher, wie man das anstellt, gibt es schnelle Hilfe bei YouTube. Einen kaputten Stuhl leimen, einen Fahrradreifen flicken, die Festplatte im Rechner austauschen, einen Strumpf stopfen – all das gibt es als Video bei YouTube. Manchmal findet man die richtige Anleitung auch nur auf Englisch.

Ohne Fachkenntnisse sollte man sich nicht an das Innenleben von Wasch- oder Spülmaschine machen, aber oft sind es einfache Dinge, die defekt sind – ein Schloss, ein Schalter, eine Taste, ein Regler – und so etwas kann jeder austauschen. Mit der Produktbezeichnung und Herstellernummer findet man Ersatzteile häufig im Internet. Es ist auch nicht ungewöhnlich, dass der Ersatzteilhersteller selbst ein Do-it-yourself-Video postet.

Mach es zum Prinzip – und zur interessanten Herausforderung! – in jedem Fall zunächst zu versuchen, etwas zu reparieren, bevor es neu gekauft wird.

4

Benutze Gebrauchtes

JEDES MAL, wenn etwas wiederverwendet statt durch Neues ersetzt wird, ist das eine umweltschonende Aktion.

Geh auf den Flohmarkt, zu Versteigerungen oder nutz die zahlreichen Websites zum Kauf und Verkauf.

Aber lass keine anderen Regeln gelten, nur weil es sich um etwas Gebrauchtes handelt. Musst du wirklich etwas kaufen? Musst du wirklich etwas verkaufen? Wenn die Antwort „Nein" lautet – verzichte.

5

- - - -

Lass los

DU MUSST NICHT alles selbst besitzen. Eine kluge Teilungswirtschaft ist vielleicht die einfachste Art, Ballast zu reduzieren.

Viele Dinge kann man gemeinsam besitzen, vor allem mithilfe neuer Software und Apps, die Dinge ordnen. Nicht alle im Mietshaus müssen eine eigene Bohrmaschine besitzen, nicht alle Einfamilienhausbesitzer einen Rasenmäher und die Eigentümerversammlung könnte Laubbläser, Schneefräse und Kantenschneider gemeinsam anschaffen.

Internetportale vermitteln Dinge, die Privatpersonen mieten können: Skier, Kajaks, Reisebetten für Kinder, Wohnmobile, Drohnen usw. So etwas findet man auf Homepages oder in Apps. In Tauschbörsen kann man mit anderen Sachen tauschen, bei eBay und anderen Auktionsplattformen kannst du verkaufen, was du nicht mehr benötigst, Airbnb vermietet ungenutzte Betten, Zimmer und Wohnungen weltweit und jede größere Stadt hat heute ein System zur Vermietung von Fahrrädern.

Außerdem gibt es jede Menge kommerzieller Anbieter, die selten benötigte Maschinen wie Bohrhämmer, Zementmischer, Fliesenschneider, Kleingerüste und vieles mehr vermieten. Auch das ist eine Art der Teilungswirtschaft.

6

Hör nicht auf den letzten Schrei

KLEIDUNG MUNTERT AUF. Neben ihrer – höchst variablen – Funktion drückt Kleidung die Persönlichkeit des Trägers aus. Sie kann dich zu einem wandelnden Kunstwerk machen. Verliere deine Liebe zur Kleidung also nicht. Aber sei nicht so unbeständig.

Der Ausdruck „der letzte Schrei" stammt aus dem mittelalterlichen Frankreich. Damals kamen die Tuchverkäufer aus Paris auf die Märkte am Mittelmeer. Dort schrien sie: „Kommt und kauft den neuesten blauen Modestoff aus Paris!" Ein halbes Jahr später waren sie wieder da und riefen: „Kommt und kauft den neuesten gelben Modestoff aus Paris!" Und die Menschen kauften „den letzten Schrei" (*le dernier cri*). Kleideten sich in Blau, um ein halbes Jahr später alles Blaue wegzuwerfen und sich in Gelb zu kleiden. Das war damals nicht nachhaltig. Und das ist es heute auch nicht.

Textilrecycling, bei dem aus alten neue Kleider werden, befindet sich weiterhin im Versuchsstadium. Aus Bekleidung, die abgegeben wird, gelangen 10 Prozent in Secondhandshops, 40 Prozent werden in ärmeren Ländern verkauft, weitere 40 Prozent dienen als Isolierung oder einfache Filter und die restlichen 10 Prozent werden in unseren Heizkraftwerken verbrannt.

Heute kauft der Durchschnittsdeutsche 60 neue Kleidungsstücke im Jahr. Das ist irrsinnig viel. Wirf nur kaputte Kleidung weg. Kauf nichts, an dem du die Freude verlieren könntest. Die Freude zu verlieren ist nicht nachhaltig.

Und hör nicht immer auf den letzten Schrei.

7

Kauf keine Plagiate

SO REDUZIERST DU das Risiko, ein umweltschädliches Produkt zu kaufen, das zu erbärmlich geringen Löhnen und unter sklavenähnlichen Bedingungen hergestellt wurde. Außerdem ist die Lebensdauer von Plagiaten erheblich kürzer als die der Originale.

Man kann geteilter Ansicht über Markenware sein, aber große, globale Unternehmen achten auf ihr Image, werden beobachtet und möchten nicht als Schurken abgestempelt werden.

Von bekannten Firmen kann man Ethikrichtlinien, Mindestlöhne, umweltmäßig vertretbare Produktion und angemessene Arbeitsverhältnisse erwarten. Von Produktpiraten kann man nichts erwarten.

Früher gab es Produktpiraterie hauptsächlich auf den Basaren von Urlaubsorten. Heute ist sie überall, nicht zuletzt in den Verkaufsportalen im Internet. Es handelt sich auch nicht mehr nur noch um gefälschte Kleidung, sondern auch um Zigaretten, Lampen, Klebstoff, Batterien, Waschmittel, Uhren, Fahrradrahmen, Handys, Autoteile, Ladegeräte, Laptops und vieles mehr.

Außerdem wissen wir heute, dass viele Terrorgruppen ihre Aktivitäten mit der Herstellung von Plagiaten finanzieren. Die Waffen, die beim Anschlag auf die Zeitschrift *Charlie Hebdo* in Paris – mit zwölf Toten und elf Verletzten – verwendet wurden, und die Bomben zur Sprengung des Pendelzugs in Madrid (192 Tote, 2.050 Verletzte) wurden mit Geld erworben, das aus dem Verkauf von Plagiaten stammte.

8

Mach deine Freizeit grüner

EIN GROSSER TEIL DER MODERNEN FREIZEITKLEIDUNG, die Nässe abhält und atmungsaktiv ist, wird mit giftigen Mitteln imprägniert, die Fluorchemikalien enthalten. Diese können Leberschäden und Krebs verursachen, also vermeide sie. Die gute Nachricht ist, dass diese giftigen Mittel langsam auslaufen sollen, die schlechte, dass sie weiterhin in Imprägnierspray für den Privatgebrauch enthalten sind. Vermeide sie und nimm stattdessen fluorfreie Mittel zum Neuimprägnieren von Kleidung.

Denkst du über einen Neukauf nach? Frag nach Kleidung, die frei von Fluorstoffen ist. Entscheide dich für Kleidungsstücke, die auf ökologische Weise imprägniert wurden. Oder für Kleidung aus Naturmaterialien.

Der britische Polarforscher Ernest Shackleton und seine schiffbrüchige Besatzung verbrachten über 17 Monate in der Antarktis in Funktionskleidung aus Gabardine. Wie lange wolltest du im Freien bleiben?

9

—————

Sei sparsam in der Küche

WENN DU DEINEN Kühl- oder Gefrierschrank, deinen Ofen oder deine Spülmaschine austauschst, schau nach möglichst energiesparenden Modellen. Das freut das Klima und auch das Portemonnaie. Für Energieklassen gibt es eine Skala von A+++ (beste) bis G (schlechteste), mit Pfeilen von Grün bis Rot, die bei der Auswahl der besten Produkte helfen.

Aber tausche nichts aus, bevor deine Weißwaren wirklich ausgedient haben und irreparabel sind. Für die Herstellung und den Transport von Weißwaren werden jede Menge Energie und Ressourcen verbraucht, nicht selten aus anderen Teilen der Welt.

10

—————

Kleider machen Leute

SICH IMMER für Kleider und Schuhe aus Naturmaterialien statt Synthetik zu entscheiden, ist gut. Ist ein solches Kleidungsstück abgetragen, ist hoffentlich ein neues „nachgewachsen". Dies unterscheidet sich von Synthetik (zum Beispiel Polyester, Acryl oder Nylon), das aus fossilen Ressourcen hergestellt wird und somit nicht abbaubar ist.

Wenn man sich dann auch noch für ökologische statt konventionelle Herstellung entscheidet, ist das noch besser, besonders bei Baumwolle, die sonst mit vielen Spritzmitteln produziert wird.

Viele Naturmaterialien, auch Wolle, besitzen zudem antibakterielle Eigenschaften, sodass sie nicht so häufig gewaschen werden müssen, was meist die Lebensdauer der Kleidung verlängert.

Andere Naturmaterialien, nach denen man Ausschau halten sollte: Viskose, Leinen, Seide, Hanf, Bambus, Acetat und Leder.

Und man sollte auch nach anderen nachhaltigen Materialien schauen, die auf dem Markt auftauchen. Wie Schuhen aus Ananasleder. Bevorzuge diese Produkte.

11

_ _ _ _ _

Werde zum Gewinner, zum Wiedergewinner

GETRENNTER ABFALL ist eine ökonomische Ressource.

Wir werfen heute ziemlich wenig Müll direkt in die Natur. Ja, ausgenommen Autos (eine Abwrackprämie muss wieder her). Aber auch wenn wir relativ betrachtet richtig gut im Mülltrennen sind, geht es noch besser. Eine neue Studie zeigt, dass nur ein Viertel des Materialwertes von Stahl, Aluminium, Zement, Plastik und Papier im Anwendungszyklus bleibt und somit jährlich 420 Millionen Euro verloren gehen. Ein Teil des Werts geht verloren, wenn wir falsch trennen. Gelangt zum Beispiel Aluminium in den Behälter für Metall, wird es als billiges Armierungseisen wiedergewonnen und verliert somit an Wert.

Laut Naturvårdsverket, der schwedischen Behörde für Umwelt- und Naturschutz, werden 47 Prozent der Plastikverpackungen (82 Prozent bei PET-Flaschen), 82 Prozent der Papierverpackungen, 31 Prozent der Holzverpackungen, 79 Prozent der Metallverpackungen und 87 Prozent der Pfanddosen aus Aluminium recycelt. Insgesamt geht der Trend in die richtige Richtung.

Das Recycling einer Dose aus Aluminium spart 95 Prozent der Energie, die für die Herstellung einer neuen benötigt würde.

Das Recyceln einer PET-Flasche spart ausreichend Energie, um eine LED-Lampe mit 6 Watt für 60 Stunden leuchten zu lassen.

Die jährliche Wiedergewinnung von Papierverpackungen erspart in Schweden das Fällen von 1 Million Bäumen.

Deshalb müssen wir uns beim Sortieren von Hart- und Weichplastik, Metall, Glas, Papier und Batterien noch weiter verbessern. Farbdosen, Chemikalien, Öle, Elektronik und Weißwaren transportieren wir zum Recyclinghof.

Wenn alle Einwohner Schwedens jedes Jahr ein zusätzliches Kilo Aluminium aussortierten, führte das zu einer Energieeinsparung, die dafür ausreichte, 10.000 Einfamilienhäuser zu beheizen.

12
— — — —
Ein Plädoyer
für Handys

EINE SACHE, DIE viel anderen Kram ersetzt, verdient alle Wertschätzung – auch wenn sie selbst eigentlich Ballast ist. Ein Handy ist ein solcher Krambeseitiger, weil es viele andere umwelt- und klimabelastende technische Geräte ersetzt.

Viele von uns haben heute wegen der Smartphones kein Radio, kein Fax, keine Kamera, keinen Wecker, keine Stereoanlage und erst recht keinen Festnetzanschluss mehr.

Natürlich haben Smartphones eine kurze Lebensdauer und enthalten Teile, die sowohl bei der Herstellung als auch bei der späteren Entsorgung Umweltprobleme erzeugen. Das schmälert die positiven Eigenschaften der Mobiltelefone jedoch nicht.

Wenn man sein Handy pflegt, repariert, was reparabel ist, und es schließlich korrekt recycelt, reduziert man die schädliche Auswirkung und die positive überwiegt die negative Seite. Der Kauf einer Schutzhülle ist zum Beispiel eine einfache Lösung, die das Telefon schützt, wenn es auf den Boden fällt. Lies die Umwelt- und Arbeitsschutzrichtlinie des Handyherstellers, um zu prüfen, ob die Herstellung fair ist (zum Beispiel beim Fairphone).

13
— — — —
Nutz Umwelt-
Apps

MACH DEIN SMARTES TELEFON mit Apps, die ein nachhaltigeres Leben unterstützen, noch smarter.

Es gibt Apps für kürzere Fahrtwege, solche, die Tipps zum Fleisch- und Fischverzehr geben; die helfen, schädliche Lebensmittelzusätze zu meiden; die vor Unternehmen warnen, die du nicht fördern möchtest; die bei der Mülltrennung helfen; die vegetarische Rezepte liefern; die ökologisches Fahren lehren; die den nächsten Secondhandshop suchen; die nach preiswerten Übernachtungsmöglichkeiten suchen; die Hofläden finden; die Mietfahrradstationen anzeigen; die übrig gebliebene Speisen aus Restaurants vermitteln, die sonst im Müll landen; die Lade- oder Biokraftstoffstationen fürs Auto zeigen; die beim umweltfreundlichen Kleiderkauf beraten – und vieles mehr.

14

Nutz
Bibliotheken

NUTZ BIBLIOTHEKEN – sie sind die Mutter der Teilungswirtschaft, wie die Stadtbibliothek Nürnberg, die seit 1370 besteht.

Dass ein wohlgefülltes Bücherregal ein Hingucker in jeder Wohnung ist, muss nicht bedeuten, dass man jedes Buch, das man lesen möchte, auch besitzen muss. Oder das man sich anhören möchte.

Leihe dir Bücher oder E-Books für den E-Reader, Hörbücher für das Smartphone, Filme oder Musik für deine anderen, heute bereits leicht antik anmutenden Abspielgeräte. So förderst du diese ressourcensparende kulturelle Wiederverwertung.

Als Bonus kannst du auch Tageszeitungen und Zeitschriften digital abonnieren. Wenn du darauf achtest, welche Energiequelle dein Elektrizitätsunternehmen verwendet, kannst du sogar dein Handy oder den E-Book-Reader grün aufladen, zum Beispiel mit Wasser-, Wind- oder Solarenergie.

15

Nutz das
Internet

DU SPARST Energie und schützt die Umwelt durch digitalen Konsum, auch wenn die Herstellung von Rechnern, Tablets und Smartphones Ressourcen erfordert und sie bei der Verwendung Energie verbrauchen (aber du kannst wie oben genannt Anforderungen an deinen Energielieferanten stellen, damit du mit 100 Prozent grünem Strom versorgt wirst).

Hör Musik, sieh dir Filme an und streame Hörbücher. Lies Zeitungen, Zeitschriften, Reisekataloge und Bedienungsanleitungen. Besuch einen Sprachkurs, einen Foto- oder Schreibkurs. Nimm über Skype oder GoToMeeting digital an Arbeitsbesprechungen und Workshops teil, statt überflüssige Flugreisen zu unternehmen (zwei Stunden Hin- und Rückflug entsprechen deinem jährlichen nachhaltigen Kohlendioxidverbrauch, achte also auf dein Budget!). Die Möglichkeiten sind unendlich, wenn die Welt zu dir nach Hause kommt.

Jedes Mal, wenn du etwas konsumierst, das kein physisches Produkt geworden ist, welches nur an dich geliefert wird, reduzierst du deinen ökologischen Fußabdruck.

Aber vergiss nicht zu bezahlen. Die Schaffung von Qualität bei digitalen Dienstleistungen muss Geld kosten, auch wenn kein physisches Produkt geliefert wird.

16

_ _ _ _ _

Verweigere Werbesendungen

DURCHSCHNITTLICH LANDEN jährlich 1,3 Millionen Tonnen unerwünschter Werbung in den deutschen Briefkästen.

Für ihre Herstellung und Verteilung werden große Mengen Holz, Druckfarbe und Energie aufgewendet. Bring ein „Werbung? Nein, danke"-Schild am Briefkasten an, dann sparst du dir den Weg mit all dem Unerwünschten zum Papiercontainer.

Außerdem hilft ein kostenloser Eintrag in die Robinsonliste gegen unangeforderte Werbesendungen, E-Mails und Anrufe.

17

_ _ _ _ _

Verwende nicht mehr, als du brauchst

WENN MAN ALLES effektiver verwenden würde, könnten Ressourcen eingespart werden, statt sie wie jetzt sofort zu entsorgen und herunterzuspülen, sodass sie zum Problem der Abfallentsorgung werden.

Zum Beispiel beim Zähneputzen – benutze nicht so viel Zahncreme, dass du das meiste davon ins Waschbecken spucken musst. Natürlich, das ist eine Kleinigkeit, auch wenn der Kilopreis von Zahnpasta den von Rinderfilet übersteigt. Aber wenn wir alle lernten, richtig zu dosieren, liefen eine ganze Reihe Dinge besser.

Zwei Tropfen Öl reichen, um eine Fahrradkette zu ölen, ein Tropfen Reinigungsmittel reicht für den ganzen Eimer, Spülmaschinenmittel ist lose leichter zu dosieren als ein Tab, Seife im Stück anstatt von flüssiger reduziert den Verbrauch drastisch und die Wäsche in der Waschmaschine wird durch Überdosieren auch nicht sauberer.

Nicht mehr zu verwenden, als man braucht, rettet in erster Linie nicht das private Bankkonto, sondern spart die Ressourcen der Erde.

18

- - - - -

Gelange „grün" zum Job

AUCH WENN DEIN Unternehmen vielleicht schon einen Umwelt- und Nachhaltigkeitsmanager hat, kannst auch du dich engagieren.

Achte darauf, doppelseitig zu drucken. Schlage deinen Kollegen vor, nur das auszudrucken, was wirklich nötig ist. Alle sollten die Technik beherrschen, Dokumente auf einem Großbildschirm anzuzeigen, sie sollten wissen, wie man gemeinsam an einem Dokument arbeiten kann (zum Beispiel mit Google Docs), und verstehen, wie man ein Textdokument in ein lesefreundlicheres PDF konvertiert.

Engagiere dich dafür, dass dein Unternehmen die Mitarbeiter, die können und wollen, bei der Arbeit von zu Hause unterstützt, so werden die Emissionen durch das Pendeln reduziert. Wenn zudem 5 Prozent der Belegschaft immer von zu Hause arbeiten, kann das Unternehmen 5 Prozent weniger Raum nutzen, was nicht nur Kosten, sondern auch Energie einspart.

Achte darauf, dass Mikrowellen vorhanden sind, damit die Kollegen Reste vom Vortag als Mittagessen aufwärmen können, dass es eine effiziente Kaffeemaschine statt Maschinen mit Warmhalteplatten gibt, bei denen der Kaffee nach einiger Zeit untrinkbar ist. Persönliche Tassen sparen Abwasch.

Der letzte Mitarbeiter vor Ort schaltet alle Leuchten, Rechner und Geräte ab.

Fordere umweltfreundliche Firmenfahrzeuge. Könnte der Transport für bestimmte Besorgungen und Konferenzen mit dem Fahrrad statt mit dem Auto erledigt werden? Rege beim Verantwortlichen die Anschaffung von Firmenrädern an, am besten normale und E-Bikes. Beauftrage Fahrradkuriere, wenn es möglich ist.

Kümmere dich um die Kartierung des Kohlendioxidausstoßes des Unternehmens und um einen konkreten Aktionsplan zur Senkung von Emissionen.

Engagiere dich für ein Intranet, in dem sämtliche Informationen in gut lesbaren PDF-Dateien präsentiert werden, die nicht ausgedruckt werden müssen.

Achte darauf, dass eine gute, grüne Reiserichtlinie existiert. Fahrten von unter 500 Kilometern sollten mit dem Zug zurückgelegt werden (erster Klasse ist okay, denn dort kann man arbeiten), Flugreisen sollten die Ausnahme sein und die Ausstattung für Videokonferenzen, mit der jeder vertraut ist, sollte funktionieren.

Richtlinien für das Umweltmanagement von Unternehmen sind in der Norm ISO 14001 festgeschrieben. Mehr zu dieser internationalen Norm erfährt man auf der Website des Umweltbundesamtes.

Eine Schale mit Bioobst ist auch eine gute Sache.

19

Entdecke deine Liebe zu Holz- booten

BEWEG DICH mit Naturmaterialien statt mit Plastik auf dem Wasser, dann erweist du der Umwelt einen großen Dienst.

Es gibt preiswerte gebrauchte Holzboote. Renoviere eins. Wenn du das machst, statt ein neues Boot aus Plastik zu kaufen, erreichst du mindestens drei umweltfreundliche Ziele.

Zunächst hältst du etwas am Leben, das bereits vorhanden ist, außerdem wird das Öl, das für die Herstellung eines Kunst- stoffboots verwendet wird, nicht verbraucht und schließlich wird es der Zukunft erspart, mit dem Umweltproblem umzugehen, das ein ausrangiertes Plastikboot verursacht.

Du trägst auch nicht dazu bei, dass noch mehr Mikroplastik in unseren Gewässern landet, was auf jeden Fall passiert, wenn ein Plastikboot altert und verschleißt.

Wenn ein Holzboot ausgedient hat, nach hundert Jahren vielleicht, und es auf umweltfreundliche Art Schrott ist, kann es verfaulen und in den Naturkreislauf zurückkehren.

Natürlich kann man ein Holzboot auch komplett selbst bauen. Dafür gibt es Kurse. Oder man lässt eins bauen. Dann unterstützt du sogar ein Unternehmen, das sich mit traditionel- ler, nachhaltiger Produktion beschäftigt.

20

Engagiere dich für Holz

JE HÄUFIGER man beim Kauf von Möbeln und Geräten nach ungewöhnlichen Holzsorten fragt, desto größer wird die Wahrscheinlichkeit, dass ungewöhnliche Bäume angepflanzt werden. Damit wird die biologische Vielfalt gefördert, nicht nur die der Bäume, sondern auch die der Insekten, Vögel und anderer Tiere, die durch die Evolution eine Verbindung zu bestimmten Baumarten und -strukturen erworben haben.

Als man Ötzi fand, der 5.300 Jahre in einem italienischen Gletscher eingefroren war, fand man auch seine Werkzeuge, Waffen und Behälter. Diese waren aus 17 verschiedenen Holzarten gefertigt, ausgewählt ausgehend von den speziellen Eigenschaften der jeweiligen Sorte. Es wäre gut, wenn wir alle versuchten, dieses Wissen wenigstens zum Teil wiederzuerwecken.

Daher eine kleine Checkliste zu den 17 verschiedenen Holzarten:

Ahorn – schöne Maserung. Häufige Wahl für feinere Möbel, Gewehrkolben und Geigenböden. **Birke** – zäh, beständig, schöne, helle Maserung. Gut für Hausrat, Skier und schickere Möbel. **Buche** – absorbiert kein Fett, sondert weder Geschmack noch Geruch ab. Gut für Eisstiele. Üblich für Bugholzstühle, gut für Holzkohle und Pottasche geeignet (wichtige Rohstoffe für Seife und Glas). **Eberesche** – schwer spaltbar und zäh. Geeignet für Trillerpfeifen und Stecken in Strohdächern. **Eibe** – zäh, federnd. Wurde tausendfach für Bögen verarbeitet. **Eiche** – hart, stark, verträgt Fäule. Gut für Boote, Brücken, Pfähle, Treppen, Parkettböden und Bretter. **Esche** – hart und zäh. Verwendung für Ruder, Gewehrkolben und Bügel für Sulkys und natürlich für Behälter. **Espe** – stark, mit geringem Eigengewicht. Für kleine, tragfähige Jollen und Sicherheitszündhölzer, weil Espe schlecht glüht. **Hainbuche** – die schwerste, härteste und kräftigste Holzsorte in Skandinavien. Verwendung für Mangelwalzen, Hobelbänke und Klavierhämmer. **Kiefer** – ziemlich weich, Allroundtalent. Eignet sich als Bauholz, für einfache Möbel, Kästen, Jollen, Bahnschwellen und Stützen in Minen. Für Holzschindeln geeignet, aber wertlos für Haushaltswaren, weil der Terpentingeruch nie ganz verloren geht. **Lerche** – hart, natürlich wasserbeständig. Eine umweltfreundliche Alternative zu druckimprägniertem Holz. **Linde** – weich, geradfaserig und homogen. Gut für Schnitzereien und Skulpturen geeignet. Wurde als heilig angesehen, weil sie nicht vom Holzwurm befallen wird. Daher werden Kruzifixe aus Lindenholz gefertigt. **Mehlbeerbaum** – hart. Für Bowlingkugeln, Kegel und Trommelstöcke. **Rosskastanie** – weich. Verarbeitung für einfache Küchentische. **Tanne** – beständig, preiswert und gut für die meisten Anwendungsbereiche wie Bauholz, Böden, Leitern, Fahnenstangen und Masten. Verleiht Geigen einen schönen Klang. **Ulme** – hart. Gut für Sportgeräte, Parkettböden und Axtschäfte. Beständig gegen Wurzeln, wurde früher als Wasser- und Abwasserleitung verlegt. **Wacholder** – zäh, beständig, wohlriechend. Für Buttermesser und Zaunpfähle. **Weide** – kräftige einjährige Ruten. Stecken aus Salweide, Weide und Lorbeerweide werden zum Korbflechten und für Möbel verwendet. Nur aus der Silberweide werden Kricketschläger gefertigt.

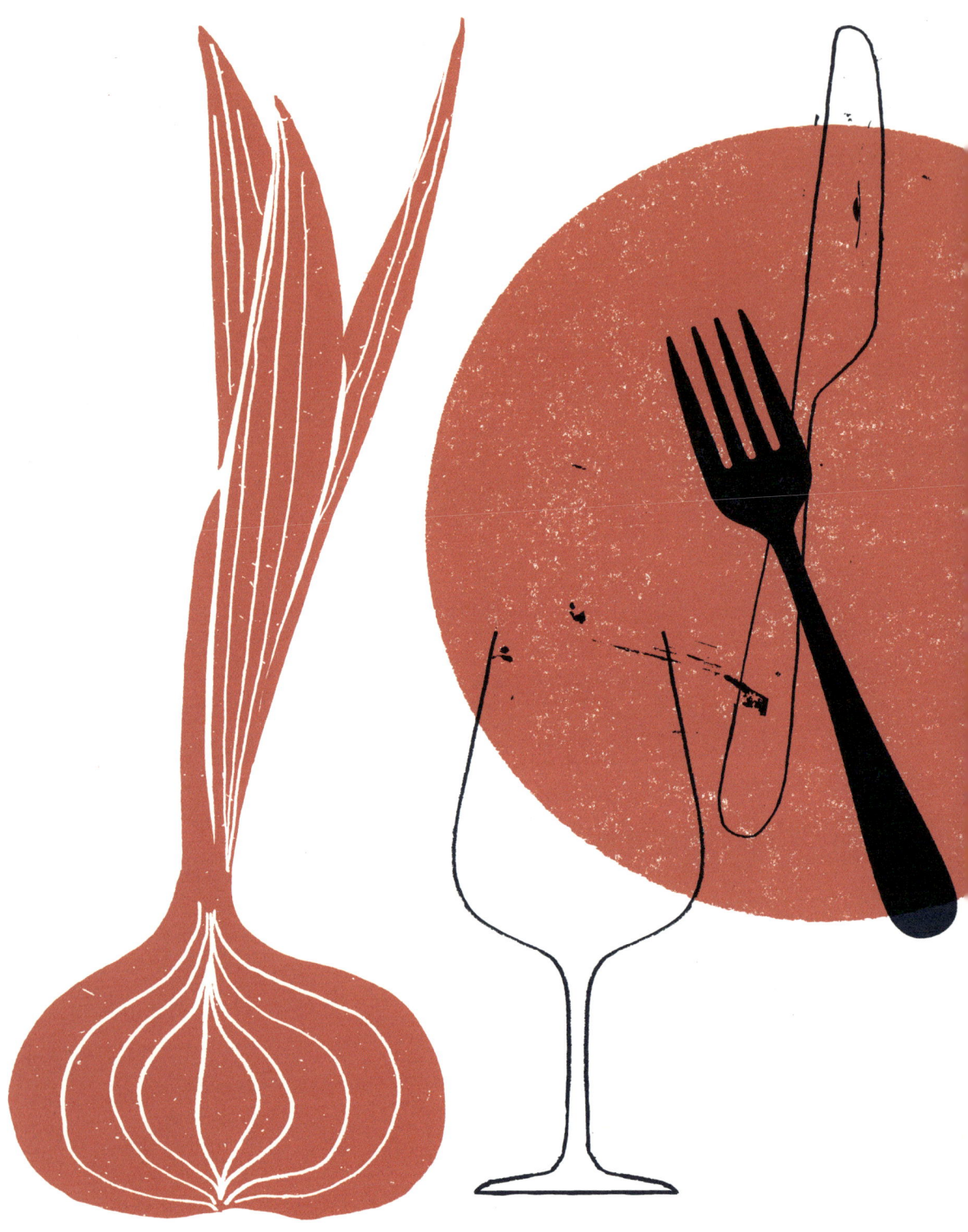

ISS KLUG

Gut für dich,
die Umwelt und fürs Klima

Was wir essen, wie die Nahrung produziert wird und wie sie danach auf unsere Teller kommt, beeinflusst Klima und Umwelt. Die Zusammenstellung einer Kost, die für unseren Planeten nachhaltiger und für uns gesünder ist, ist ganz einfach. Auf einen Schlag kannst du dich gesünder ernähren und die Erde gesünder machen. Eine Win-win-Situation!

21

Beachte die Jahreszeiten

ISS ERDBEEREN im Sommer, Kohlrouladen im Herbst, Äpfel aus regionalem Anbau, wenn sie angeboten werden, und Spargel im Frühling. Die regionale Landwirtschaft bietet viele interessante Zutaten, und wenn man sich saisonal ernährt, muss die Nahrung nicht einmal rund um den Globus transportiert werden.

Es ist nicht nachhaltig, jederzeit Zugang zu allen Arten von Rohstoffen zu fordern.

Baue beim Essverhalten lieber auf Sehnsucht. Nie schmecken frisch gepresste Apfelsinen voller Wintersonne von den Hügeln des Ätnas besser als an einem dunklen Januartag, deutscher Spargel im Mai, wenn es fast nichts anderes gibt, Himbeeren im Sommer, Spitzkohl im Oktober und Grünkohl an Weihnachten.

Zu lernen, Sehnsucht zu haben, gehört zum Besten, was wir für ein nachhaltigeres Essverhalten tun können.

22

Führe den Pfannkuchen-montag ein

ES GIBT NICHTS Einfacheres, um seinen Umwelteinfluss zu reduzieren, als an einem Tag der Woche zum Vegetarier zu werden. Heute sind über 70 Prozent der Fischbestände weltweit überlastet und die Fleischproduktion wird so intensiv betrieben, dass sie in großem Rahmen die Zerstörung von natürlichen Gebieten sowie Treibhausgasemissionen verursacht und die Nährstoffbelastung in Gewässern erhöht.

Den Pfannkuchenmontag einzuführen, klingt harmloser als der „fleischfreie Montag", auch wenn der Zweck derselbe ist: die Reduzierung der Umwelteinwirkungen der täglichen Ernährung. Es ist immer besser, das Positive bei einer Veränderung zu betonen als das Negative, wozu ein Verbot nun einmal zählt.

Wenn du meinst, dass Pfannkuchen mit Marmelade ein bisschen dürftig sind, fülle sie mit etwas Leckerem wie Pilzen und etwas aromatischem Käse und – schwups! – stehen Crêpes auf der Speisekarte. Gib den Teig in eine Form, menge Dinge hinein, die du magst, vielleicht die Reste von gestern, wirf den Ofen an und dann gibt es mal ganz andere Pfannkuchen. Im Internet gibt es zahllose Rezepte für verschiedene Arten.

Und was ist mit dem Eiweiß?

Tja, da der Pfannkuchenteig reich an Eiern ist, kannst du nach dem Essen berichten, dass die Mahlzeit mehr Proteine als eine Mahlzeit mit Wurst und Pommes frites enthielt.

23

Iss auf!

DIE WELTWEITEN RESSOURCEN schwinden, während wir gleichzeitig 35 Prozent aller Nahrung, die wir kaufen, wegwerfen. Führe als Regel Nummer eins ein, dass kein Essen weggeworfen wird! Lerne, etwas aus Resten zu kochen. In allen Ländern gibt es zahlreiche Varianten. Frankreich hat sein Ratatouille, Spanien die Paella, Italien die Minestrone, die asiatische Küche Wokgerichte, Marokko die Tajine und in Schweden gibt es Pytt i Panna. Man nimmt, was da ist, und macht daraus ein Gericht.

Essen wegzuwerfen ist neben Geldverschwendung auch nicht nachhaltig und außerdem nicht wertschätzend im Hinblick auf die Arbeit bei Anbau, Aufzucht, Veredelung und Transport.

Also rein mit allen Resten in den Kühlschrank (oder in den Gefrierschrank, wenn sie nach mehr als drei Tagen nach der Zubereitung gegessen werden sollen) und raus mit ihnen, wenn es Zeit für den leckersten Eintopf der Welt ist. Im Internet gibt es viele verschiedene Homepages mit Tipps, wie man eine Mahlzeit aus Resten des Vortags oder Gemüseresten zubereitet.

Vielleicht eine etwas anstrengende Idee, daher noch ein anderer Tipp: Koch immer zu wenig. Lass dann alle am Tisch sich an Obst satt essen.

Oder an einem Stück Käse.

24

Kauf eine Küchenmaschine

DER NEGATIVE UMWELTEINFLUSS einer Maschine kann um ein Vielfaches aufgewogen werden, wenn sie die Küche „grüner" macht.

Der Gewinn ist hoch, wenn die Maschine bewirkt, dass du mehr Obst und Gemüse isst, Reste seltener entsorgst und auf Halbfabrikate verzichtest, die weit transportiert werden und Zusätze enthalten, die du vermeiden möchtest.

Stabmixer. Bereite aus Sellerie, Brokkoli oder Erbsen ein Püree zu. Verarbeite Blumenkohl, Tomaten oder Kartoffeln und Lauch zu einer Suppe. Aus Salatresten, mit Dressing getränkt, mixt du kaltes Pesto.

Entsafter. Mit dem beladen, was die Jahreszeit bietet. Möhren oder Tomaten im Sommer, Kirschen oder Pflaumen im Herbst, Äpfel im Winter und sizilianische Blutorangen im Januar. Auch leicht angefaultes Obst, das sonst weggeworfen wird, kann verwendet werden.

Eismaschine. In einer Eismaschine wird alles lecker. Von Luxusmischungen aus Sahne, Eiern, umweltzertifizierten Vanillestangen und ökologischem Rohrzucker aus Paraguay über Joghurt mit Zitrone bis hin zu allen möglichen Säften – die du gerade mit deiner anderen Maschine gepresst hast.

25

Trink Wein

ES GIBT ÖKOLOGISCHEN. Mit Biosiegel.

Heute sind die nachhaltigen Weine von durchweg guter Qualität.

Das Angebot ist stark angestiegen – wegen bewusster, nachfragender Kunden. Im schwedischen Systembolag sind derzeit 667 ökologische Rotweine erhältlich. Vor zehn Jahren waren es etwa 20. Also eine Steigerung um gut 3.200 Prozent.

Das ökologische Angebot ist ebenso in anderen Alkoholkategorien angestiegen und auch im alkoholfreien Sortiment.

26
– – – –
Trink Leitungs- wasser

DAS LEITUNGSWASSER in Deutschland gehört zu den besten und reinsten der Welt. Außerdem kostet es nur etwa 0,2 Cent pro Liter.

Werte das Leitungswasser gern mit einer schönen Karaffe und ein paar Gurkenscheiben auf. Einfach, gut, schön und nachhaltig. Das klappt auch gut mit ein paar Scheiben Zitrone, Orange oder Wassermelone, vielleicht einigen Erdbeeren und ein paar Blättchen Minze oder Zitronenmelisse.

Wenn du immer eine Kanne mit Wasser im Kühlschrank hast, musst du auch kein Wasser unnötig ablaufen lassen, wenn du Durst hast. Die Aufbereitung des Wassers ist überflüssig, auch wenn du es dir leisten kannst.

Der Bau von Fabriken, die Leitungswasser abfüllen, um es danach durch das Land zu kutschieren, ist ein Missbrauch unserer gemeinsamen Ressourcen. Der Transport von Wasser ist die Ursache von 1000-mal höheren Kohlendioxidemissionen als bei derselben Menge Wasser direkt aus dem Hahn.

Deshalb ist es erheblich nachhaltiger, einen Sprudler anzuschaffen und das Leitungswasser zu Hause zu sprudeln, als Flaschen mit kohlensäurehaltigem Wasser zu kaufen.

27
– – – –
Trink ökologischen Kaffee

IMMER. Nicht nur für deine eigene Gesundheit, sondern auch, weil giftige Pflanzenschutzmittel zu den größten Verursachern von Gesundheitsproblemen in den Anbaugebieten gehören.

Traditionell angebaute Bananen und Weintrauben sind zwei weitere stark gespritzte Pflanzen.

Laut einem neuen UN-Bericht sterben etwa 200.000 Menschen jährlich an Erkrankungen, die von Spritzmitteln verursacht werden, die hierzulande längst verboten sind. Fast alle dieser Todesfälle, 99 Prozent, ereignen sich in Entwicklungsländern.

Wenn du dich für ökologischen Kaffee entscheidest, kannst du guten Gewissens genießen.

28

─ ─ ─ ─ ─

Iss variiert

DASS ÜBER 80 PROZENT der Spinatsamen weltweit aus Dänemark stammen, könnte man als eher uninteressant verbuchen. Es ist aber ein deutliches Zeichen für eine Entwicklung, die dazu führt, dass überall dasselbe angebaut wird. Und das möchten wir nicht.

In Nummer 15 der globalen UN-Ziele, „Ökosystemleistungen und biologische Vielfalt", heißt es: „Die biologische Vielfalt ist die Grundlage für das Ökosystem Erde und damit für lebenswichtige Leistungen der Natur." Je mehr Arten innerhalb desselben Typs Rohware existieren, zum Beispiel beim Mais, desto geringer ist das Risiko, dass die Maisproduktion durch eine Insektenplage oder extreme Wetterlagen lahmgelegt wird, weil jede Maissorte eine andere Genetik hat, die an die unterschiedlichen Verhältnisse angepasst ist.

Das Gegenteil des Strebens nach einer Welt mit nur einer Sorte Spinatsamen ist natürlich das nach einer mit vielen Sorten Spinatsamen, eine Welt der biologischen Vielfalt, die „resilient" gegen verschiedenste Einflüsse ist. So erhalten wir gleichzeitig ein Mosaik an Naturtypen und Lebensumgebungen. Aber das bedeutet, dass du biologische Vielfalt wählen solltest, wenn du einkaufst. Und nicht nur einfach eine Tomaten- und eine Salatsorte.

Das ist eigentlich nichts Ungewöhnliches.

Du kaufst vermutlich nie einfach einen Apfel oder einen Sack Kartoffeln, ohne dich für Gravensteiner, Cox Orange oder eine andere Apfelsorte je nach Verwendung und Jahreszeit zu entscheiden. Und die Kartoffeln wählst du nach geplantem Gericht sowie Vorliebe und Geschmack aus. Wie die Bewohner des Mittelmeerraumes nie einfach ein Glas Oliven oder die der arabischen Welt niemals einfach einen Beutel Datteln kaufen würden, sondern weiter präzisieren, was sie möchten.

Versuch daher, Namen und Herkunft der verschiedenen Sorten von Apfelsinen, Mangos und Zuckererbsen zu lernen. Gib dich nicht mit „Clementinen Spanien/Marokko", „Süßkartoffeln Afrika" oder „Pistazien Mittlerer Osten" zufrieden.

Wenn du ohnehin dabei bist, kannst du anfangen, nach regionalen Apfelsorten zu fragen. Hauptsächlich, um zu vermeiden, dass die Entwicklung an der Obsttheke hin zu nur zwei Apfelsorten geht, einer grünen und einer roten.

29

Plane deinen Einkauf

DIE NAHRUNG AUF deinem Teller ist heute um 50 Prozent weiter gereist als vor 20 Jahren, weil wir immer mehr Importe verzehren. 75 Prozent der Lebensmittel, die in Schweden verspeist werden, sind importiert.

Die Hälfte des gesamten Kohlendioxidausstoßes, den ein Nahrungsmittel generiert – vom Produzenten bis auf den Esstisch – stammt vom Verbraucher, wenn er zum Geschäft hin- und wieder zurückfährt.

Im Englischen spricht man davon, dass *the last mile* die Strecke ist, die den größten Einfluss auf das Klima hat. Und für diese letzte Meile (oder 1,609 Kilometer, um korrekt zu sein) bist du selbst verantwortlich.

Die Erklärung liegt darin, dass ein riesiger Unterschied in der Effektivität besteht, ob ein Kopf Salat in einem voll beladenen LKW oder mit ein paar anderen Waren in deinem Kofferraum transportiert wird.

Versuch, nach dem Motto „kein Auto unter anderthalb Kilometern" einzukaufen. Mit einem Paar guter Fahrradtaschen oder einem großen Shopper kann man den Letzte-Meile-Einfluss gut vermindern.

Wenn du Lebensmittelboxen abonnierst, frag deinen Lieferanten, ob sie mit einem alten Diesel-LKW oder auf nachhaltige Weise an deine Tür geliefert werden.

30

Grill öfter

ABER ENTSCHEIDE DICH lieber für Fleisch von freilaufenden Tieren. Oder für Wild. Oder für Fisch (am besten kleine Fische aus reichen Beständen). Oder grill zur Abwechslung mal vegan. Halloumi, Paprika, Zucchini, Champignons und Auberginen sind gegrillt fantastisch gut.

Nimm Grillkohle aus der Region. Oder aus Resthölzern.

Entscheide dich für umweltfreundliche Anzünder. Rapsöl funktioniert wunderbar. Oder entzünde den Grill ohne Zusätze mit einem Anzündkamin oder Anzünder.

31

Sei „anti" Antibiotika

VERSUCH, DEN KAUF des Fleisches von Tieren, die mit unnötig viel Antibiotika behandelt worden sein könnten, zu vermeiden. Das Risiko beim zu häufigen Einsatz ist die Förderung der Entwicklung antibiotikaresistenter Bakterien. Es entstehen Bakterien, die eine Resistenz gegen verschiedene Arten von Antibiotika entwickeln und damit die Möglichkeiten zur Bekämpfung vieler lebensgefährlicher Erkrankungen reduzieren.

Schweden ist das EU-Land, das die wenigsten Antibiotika bei der Tieraufzucht einsetzt, die meisten werden in Spanien, auf Zypern und in Italien verwendet. Und das etwa 40-mal so oft wie in Schweden.

Der Hauptgrund für diesen hohen Einsatz von Antibiotika besteht in schlechter Tierpflege in zu engen Räumen. Die Tiere werden unglücklich und krank, was der Züchter natürlich weiß, weshalb die Tiere vorbeugend Antibiotika erhalten. Studien zeigen, dass gesundem Vieh weltweit mehr Antibiotika verabreicht werden als kranken Menschen.

Aber wenn du luftgetrockneten spanischen und italienischen Schinken liebst, deutsche Bratwurst und französische Gänseleber – auch Deutschland und Frankreich verwenden mehr als das Zehnfache an Antibiotika als Schweden – was kannst du da machen?

Achte darauf, dass importiertes Fleisch ein Umweltzertifikat trägt und dieses Zertifikat die vertretbare Gabe von Antibiotika garantiert.

Wende dich an deinen EU-Abgeordneten, um zu fordern, dass der europäische Missbrauch von Antibiotika gestoppt werden muss. Sowohl die Weltgesundheitsorganisation WHO als auch die schwedische Seuchenschutzbehörde stufen die schnelle Entwicklung der Antibiotikaresistenz als eine der größten Bedrohungen für die menschliche Gesundheit ein.

Der zu hohe Einsatz von Antibiotika ist natürlich kein internes europäisches Problem. Überleg daher ein zweites Mal, bevor du billiges Importfleisch oder Zuchtfisch aus anderen Teilen der Welt kaufst. Die Entscheidung für Fleisch von einheimischen Naturweiden ist die beste, die man zur Vorbeugung der zu hohen Antibiotikagabe treffen kann, aber auch für die biologische Vielfalt (da Weidetiere die Landschaft offen halten) und nicht zuletzt für das Tierwohl. Man darf nicht vergessen, dass Schweine intelligenter sind als Hunde und deshalb stark von ihren Lebensbedingungen beeinflusst werden.

32

Unterstütze einen Bio-bauern

NICHT ZULETZT wegen der Meere und Gewässer.

Die Phosphor- und Stickstoffemissionen aus Dünger und Stallmist, die stark zur Überdüngung unserer Gewässer beitragen, stammen nur zum kleinsten Teil von Landwirten, die sich für eine ökologische Bewirtschaftung entschieden haben.

Tiere beim Biobauern verzehren häufig Futter aus Eigenanbau, gedüngt mit dem Mist der eigenen Tiere. Ein Kreislauf also. Weil kein oder nur sehr wenig Handelsdünger (industriell produzierter Dünger) verwendet wird, ist das Risiko der Belastung von Gewässern durch Nährstoffe gering. Ein Biobauer verwendet wenig chemische Pflanzenschutzmittel, häufig überhaupt keine, die Emission des Gifts ist also gering.

Tiere auf Naturweiden halten zudem die Landschaft offen. Sie verhindern, dass Wald eindringt und tragen zur biologischen Vielfalt bei. Tiere auf Naturweiden haben auch weniger Klimaeinfluss als Tiere, die mit Proteinfutter, zum Beispiel aus Sojamehl, gefüttert werden. Naturweiden sind zudem meist für den Anbau von Pflanzen ungeeignet, sodass die Produktion von nährreichem Fleisch von Weiden, die sonst für nichts verwendet würden, im doppelten Sinne positiv ist.

Natürlich, ökologisch ist teurer – aber man sollte bedenken, welches Engagement man für Tiere, Umwelt und Klima leistet. Dann sind die höheren Kosten leicht verschmerzbar.

Schick diesen Landwirten auch gern eine nette E-Mail. Sie brauchen jede Unterstützung, die sie kriegen können.

33

„Like" die EU

ZUMINDEST den Teil der europäischen Gemeinschaft, der sich aktiv für die Bewahrung der Landschaft einsetzt, den wir so sehr mit Schweden verbinden: die offenen Weidelandschaften.

Rindfleisch wird wegen seines Klimaeinflusses oft gebrandmarkt. Zu Recht, könnte man sagen, aber bei dieser Diskussion wird oft vergessen, dass korrekt gezüchtetes Rindfleisch nur einen halb so großen Umwelteinfluss wie das aus Zuchtfabriken hat. Außerdem haben Rinder, die leben und weiden dürfen, sodass die Weiden offen bleiben, einen unschätzbaren Nutzen. In vielen Gegenden Schwedens werden Rinder zur Sanierung alter Weidelandschaften eingesetzt, um dunkle Fichtenschonungen wieder in helle Weiden umzuwandeln.

Das sind nicht nur Augenweiden. Zusammen mit unseren Heuwiesen beherbergen sie rund die Hälfte aller Tiere und Pflanzen auf der Roten Liste. Verschwinden diese Landschaften, werden die Arten auf der Roten Liste auf die Liste der ausgestorbenen Arten verschoben.

Das Problem ist die Wirtschaft. Unsere Naturschutz- und Fleischbauern werden zum Teil aus reiner Liebe zu ihren Tieren und der Natur getrieben, wirtschaftlich jedoch stehen die meisten von ihnen am Abgrund. Ihre Einkommen bestehen heute zu 50 bis 75 Prozent aus EU-Zuschüssen.

Du liebst die Weide- und Wiesenlandschaften? Dann kauf Naturweidefleisch – und zertifizierte einheimische Milchprodukte, das hängt zusammen.

34

Unterstütze einen konventionellen Landwirt

DIE SCHWEDISCHE LANDWIRTSCHAFT zählt schon jetzt zu den nachhaltigsten der Welt – aber das reicht nicht aus. Es gibt in Bezug auf das Klima (mehr Maschinen sollten mit erneuerbarem Kraftstoff betrieben werden), Stickstoff- und Phosphoremissionen und die biologische Vielfalt noch einiges zu tun.

Schick Landwirten E-Mails mit Zuspruch und freundlichen Fragen. Sie brauchen Unterstützung, um nachhaltiger wirtschaften zu können.

Betrachte den konventionellen Landwirt nicht als Feind, nicht als jemanden, der seinen eigenen Gewinn zugunsten von Schäden an der Natur erwirtschaftet. Ein kluger konventioneller Landwirt hat bereits ein System zur Eindämmung der Überdüngung. Das kann die Herstellung von Biogas aus dem Mist der Tiere und ein sensorgesteuertes, rechnergestütztes GPS-System zur exakt richtigen Düngung für jede Pflanze sein (der Radar sieht tatsächlich, wenn Pflanzen bleich und schlaff aussehen).

Frag nach dem Anbau von Fangpflanzen (sie werden zwischen andere Pflanzen zur Aufnahme überschüssigen Düngers gesät), ob es eine Methode zur Reduzierung der Bodenbearbeitung gibt (jegliche Bearbeitung stört die Bodenstruktur und setzt Treibhausgase in die Atmosphäre frei) oder wie die Feldgraswirtschaft gefördert wird (eigenes Futter reduziert normalerweise den Bedarf an importiertem Kraftfutter). Frag nach, ob die Tiere an Wasserläufen weiden können (das ist nicht gut, weil die Nährstoffe aus dem Dung direkt in das Wasser freigesetzt werden), ob das Wasser, das dräniert wird, durch ein Feuchtgebiet fließen darf und ob am Wasserlauf Bäume gepflanzt sind, die Nährstoffe aufnehmen, die sonst in Seen und Meeren landen. Frag nach Pflanzenschutzmitteln, ob es Alternativen zu ihnen gibt, die bestäubenden Insekten und Vögeln nicht schaden.

Wenn verantwortungsvolle Landwirte Unterstützung von Verbraucher- und Politikerseite erhalten, wird es bald mehr von ihnen geben als Bauern, die unsere Gewässer weiter überdüngen.

35

Bau ein Mittagessen an

HAUPTSÄCHLICH, um Gefühl und Respekt für die Pflanzen zu entwickeln, die aufwachsen und zu Nahrung werden. Wenn du Kinder hast, ist das besonders wichtig.

Wenn du die Latte so niedrig wie zum Beispiel einmal jährlich anlegst, artet der Anbau nicht in Stress aus. Nur wenige haben die Möglichkeit, bei ihrer Ernährung zum Selbstversorger zu werden – man benötigt etwa 500 Quadratmeter, um genug Gemüse für eine vierköpfige Familie anzubauen.

Viele besitzen jedoch ein ausreichend großes Stück Garten oder einen Balkon, um 12 Rote Beten der Sorte „Detroit", eine Staude La-Ratte-Kartoffeln, ein paar Erbsen, etwas Rucola, Tomaten, Chili und ein Sträußchen Petersilie anzubauen.

Wenn du dann noch jemanden kennst, der eine Ziege, einen Olivenbaum und ein Weingut hat und ein Stück Ziegenkäse, etwas Olivenöl und eine Flasche Chablis Domaine de la Boissonneuse beisteuern kann, wird deine Mahlzeit nahezu perfekt.

Außerdem macht es Spaß und schenkt Befriedigung, den eigenen Anbau sprießen zu sehen, wie winzig er auch sein mag. Und das Essen, das aus eigenem Anbau stammt, wirst du nicht einfach herunterschlingen.

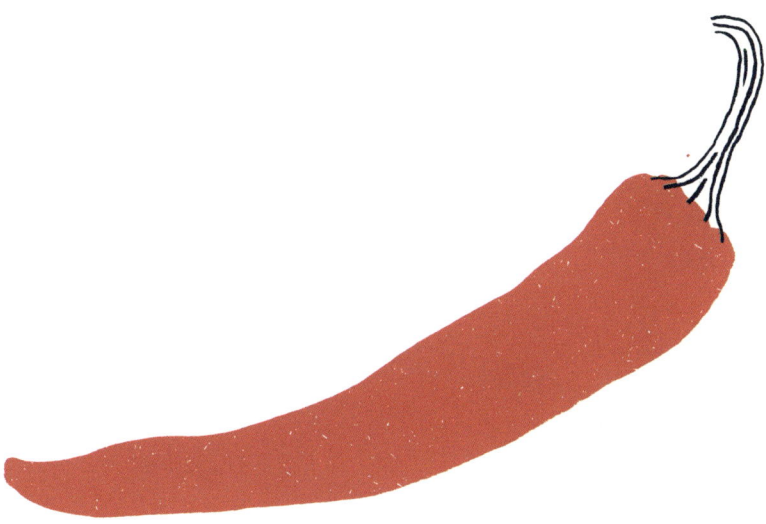

36

Denk global, handle lokal

ABER MIT Vernunft. Wenn diesem schlagwortmäßigen Rat blind gefolgt wird, wären wir schnell wieder in der Zeit, als wir große Teile des Jahres mit gesalzenem Hering, Sauerkraut und Birnengelee zugebracht haben.

Wahr ist jedoch, dass man energieraubende Transporte und Gewächshäuser vermeidet, wenn man lokale Lebensmittel nach der Saison auswählt. Iss daher lieber einen Apfel aus der Region statt einen grünen aus Argentinien. Lieber lokale Frühkartoffeln als die von den Kanarischen Inseln eingeflogenen. Lieber ein Kotelett von glücklichen heimischen Schweinen als von südeuropäischen Schweinen voller Antibiotika.

Aber zieh nicht den falschen Schluss, dass lokale Lebensmittel jederzeit vorzuziehen sind. Eine spanische, sonnengereifte Tomate, die in einem LKW nach Deutschland transportiert wird, kann weniger Treibhausgase als eine aus dem deutschen Gewächshaus erzeugte haben, das mit fossiler Energie beheizt wird. Ein frei in Neuseeland gezogenes Lamm, das danach hierher transportiert wird, muss nicht mehr Ressourcen verbrauchen als eines, das hier mit Kraftfutter gefüttert wird. Ein Rind in der argentinischen Pampa war nie in der Nähe eines Regenwaldes und hat daher auch seine Abholzung nicht verursacht. Wie Nahrung produziert und transportiert wird, spielt also mindestens eine genauso große Rolle wie die, wie nah sie produziert wird.

Wenn man außerdem hier und da ein paar Zuckererbsen aus Kenia kauft, trägt man dazu bei, dass sich eine Landarbeiterfamilie den Schulbesuch ihrer Kinder leisten kann. Wählst du Reis aus Bangladesch, kann das Geld dafür den Umzug eines Reisbauern in überschwemmungssichere Gebiete finanzieren, und der Kauf einer Mango aus Mali kann dabei helfen, dass die Söhne des Züchters nicht radikalen, militanten Kräften verfallen.

37

Iss ein Reh

ODER ANDERES WILD. Der Wald ist voller ökologischer Tiere, die ohne Hilfe von Kraftfutter, Kunstdünger, Traktordiesel, Antibiotika und beheizten Ställe aufgewachsen sind. Lerne deshalb, Tiere wie Reh, Wildschwein und Hirsch zuzubereiten.

Wie viel besser Wild als beispielsweise Rindfleisch ist, ist schwer zu berechnen, aber eine übliche Zahl, die genannt wird, besagt, dass Elchfleisch einen zehnmal geringeren Klimaeinfluss hat als Rindfleisch.

Theoretisch kommt man beim Zugang zu Wild in Schweden ungefähr auf 2,5 Kilo ausgelöstes Fleisch pro Person und Jahr. Zu wenig davon gelangt jedoch in den Handel, weshalb es sinnvoll sein kann, einen Jäger kennenzulernen.

Oder selbst mit dem Jagen zu beginnen.

38

Iss etwas Ungewöhnliches

ES IST MAKABER GENUG, dass die Nutztierarten, die nicht verzehrt werden, ausgerottet werden könnten, da niemand sie aufziehen möchte – obwohl es manchmal reichen kann, die Milch oder Wolle zu verarbeiten, damit die Rasse gerettet werden kann.

Gleichzeitig ist es nicht ungewöhnlich, dass durch die Rettung einer alten Nutztierrasse auch die einzigartige Agrarlandschaft gerettet wird, weil alles miteinander in Verbindung steht.

Heute gibt es circa 20 schwedische Nutztierrassen, die zu verschwinden drohen, etwa das Fjällrind und das Ringamåla-Rind, das Finnschaf und das Gestrikeschaf, die Göingeziege und die Jämtlandziege. Und die Schonengans, die von billiger importierten, italienischen Verwandten verdrängt wird.

Fördere lokale Besonderheiten.

39

Iss Schalen-tiere

ISS FISCH. Iss Muscheln. Iss Krabben. Genieß alle Delikatessen des Meeres. Aber mit Verstand, da viele verschiedene Umweltprobleme mit Fischen und Schalentieren verknüpft sind.

Raubfischerei bedroht viele Arten. Sei daher unter anderem bei Kabeljau, Thunfisch, Hai und Schwarzem Heilbutt vorsichtig. Entscheide dich lieber für kleine Fische wie Sardellen oder Sardinen, die auch sehr gesund sind. Kauf nie Arten von der Roten Liste – kontrolliere das mithilfe des WWF-Fischratgebers. Nimm am besten MSC-zertifizierten Fisch aus nachhaltiger Fischerei. Denk auch über den moralischen Aspekt von Fischfarmen nach, weil dort das Gedränge oft noch größer ist als im schlimmsten Hähnchenmastbetrieb. ASC-zertifizierter Fisch steht für fairere Zuchtbedingungen.

Bestimmte Fische weisen erhöhte Gehalte an Umweltgiften auf. Deshalb sollte man beispielsweise fetten Ostseefisch nur einmal pro Woche essen. In der Schwangerschaft sollte er ganz vermieden werden.

Welcher Fisch zu deiner Delikatesse wird, hängt in gewissem Maße von deinem Wohnort ab. Sprich mit deinem Fischhändler, prüf das Angebot in deinem Laden, lies über Fisch mit Umweltzertifikat und frag danach.

Ein Gedankenspiel: Schweden hat über 2.300 Kilometer Küste, fast 100.000 Seen und über 2,3 Millionen Freizeitangler. Wie schwer kann es da sein, Fischstäbchen aus Weißfisch zu vermeiden, der im Atlantik raubgefischt und danach in China filetiert und paniert wurde? Wie schwer kann es sein, auf den Kauf von Nilbarsch zu verzichten, der unter denkbar schlimmsten Bedingungen im Victoriasee geangelt wurde? Wie schwer kann es sein, nicht mehr zur Zerstörung der küsten- und artgeschützten asiatischen Mangrovenbäume durch die Jagd auf Riesenkrabben beizutragen? Wie schwer kann es sein, die letzten schwedischen Aale nicht zu essen?

Mandelkartoffeln mit Sauerrahm, Petersilie und kleinen Stücken selbst geräuchertem Barsch schmecken außerdem ausgezeichnet.

Der Verzehr von Muscheln ist vorteilhaft, da sie sich durch das Filtern von Nährstoffen aus dem Wasser ernähren – welche die Ostsee im Überfluss bietet. Also mehr Muscheln fürs Volk!

40

Iss Zwiebeln!

ZWIEBELN ERZEUGEN 300-MAL weniger Emissionen aus Kohlendioxidäquivalenten als Fleisch von traditionell gezüchteten Rindern. Na gut, das werden etwas trostlosere Grillabende.

Aus dem scherzhaften Beispiel lassen sich verschiedene Schlüsse ziehen.

Das Klima hat im Unterschied zu uns Menschen keine Gefühle – und keinen Geschmackssinn. Das Klima zeigt keine Empathie mit dem Leben. Wird es wärmer, reagiert das Klima mit Chaos: Überschwemmungen, Hitzewellen, Orkane, Platzregen, Heuschreckenschwärme.

Die Aufzucht von Hühnern mit Wachstumshormonen in drangvoller Enge kann daher für das Klima besser sein als freilaufende Tiere auf einer schönen Weide. Ob es einem Tier gut geht oder ob es leidet, kümmert das Klima nicht.

Wir Menschen müssen ständig Kompromisse eingehen, weil wir uns um unterschiedliche Dinge kümmern, die manchmal miteinander kollidieren. Wir möchten das Klima schützen, aber auch, dass es allen Tieren gut geht, wir möchten die biologische Vielfalt mit Tierhaltung in freier Landschaft fördern, aber auch der Überdüngung der Meere entgegenwirken, wir wollen regional einkaufen, gleichzeitig aber die Entwicklungsländer unterstützen, wir möchten mehr Elektrizitätsproduktion in kleinem Rahmen, aber auch Flüsse, in denen es den Fischen gut geht, ohne dass sie als Hackfleisch in Stromturbinen enden.

Wir möchten eine Menge Dinge, die manchmal für entgegengesetzte Werte stehen. Aber das macht nichts. Wir können es schaffen, zwei oder mehr Gedanken gleichzeitig im Kopf zu haben.

Genauso kann es gut sein, eine allgemeine Liste im Hinterkopf zu haben, welche Lebensmittel die größten und welche die geringsten Auswirkungen auf das Klima haben – ein Maßstab, von dem wir ausgehen können und der den Alltag etwas erleichtert. Und so sieht eine grob gezimmerte absteigende Skala aus: Rind (21 Kilo Kohlendioxidäquivalent pro Kilo Fleisch) – Krabben – Käse – Kabeljau – Lachs – Schwein – Gurke – Tomate – Kaninchen – Hühnchen – Makrele – Hering – Milch – Muscheln – Hafer – Sommerweizen – braune Bohnen – Äpfel – Salat – Möhren – Zwiebeln (0,07 Kilo Kohlendioxidäquivalent pro Kilo Zwiebelernte). Genauso sollte man einen Maßstab für den Zugang zu Wasser und Böden sowie für Überdüngung, Chemikalien und Gesundheitsrisiken haben und ausgehend davon die Lebensmittel wählen, die innerhalb der meisten Kategorien am besten abschneiden. Wem dieser Weg zu umständlich ist, der kann eine Faustregel

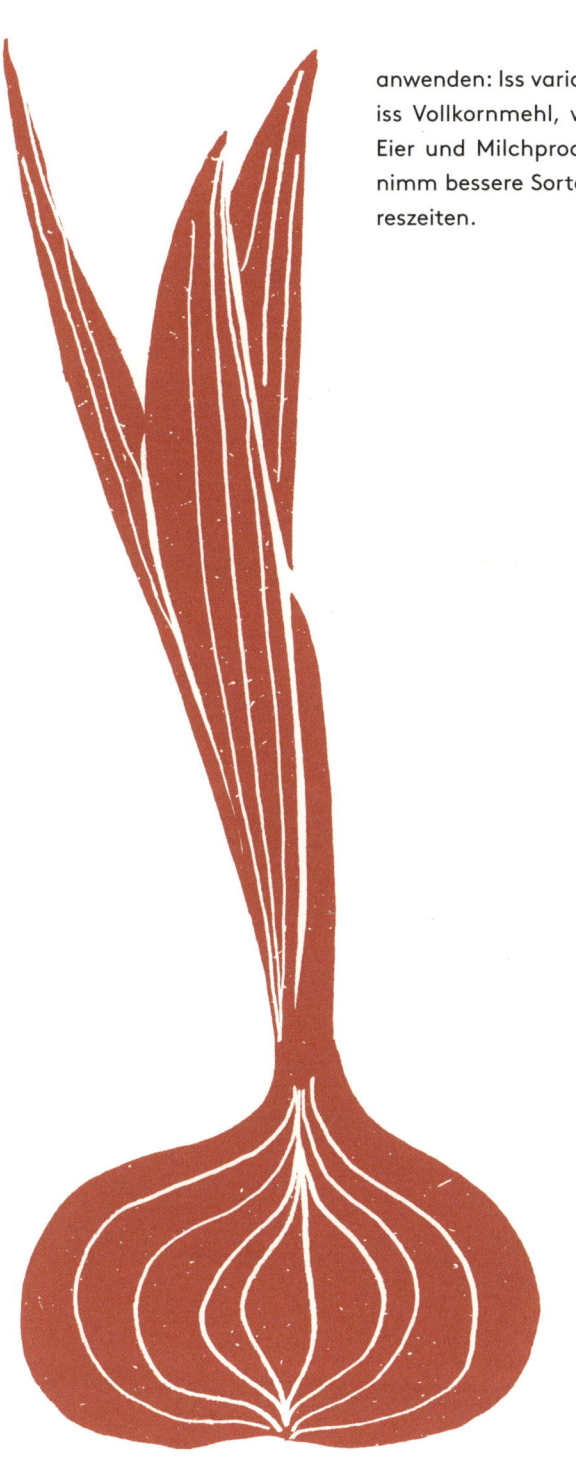

anwenden: Iss variantenreich, meist aus dem Pflanzenreich, iss Vollkornmehl, viel proteinreiche Hülsenfrüchte, mäßig Eier und Milchprodukte, nur wenig Fisch und Fleisch und nimm bessere Sorten, orientiere dich lokal und an den Jahreszeiten.

°C °F

ENERGIE VERSTEHEN

Entscheide dich für erneuerbare Energien und geh sparsam damit um

Um die Klimaveränderungen zu verlangsamen, sollten wir fossile Energiequellen schnell abschaffen und durch erneuerbare ersetzen. Schluss mit Kohle, Öl und Naturgas und her mit Sonne, Wind, Wasser und Biogas. Gleichzeitig müssen wir erneuerbare Energien einsparen, sodass sie für viele reichen. Wenn wir die Energiewende schaffen, können wir uns zurücklehnen, weil die erneuerbaren Energien unerschöpflich sind.

41
- - - - -
Energie
verstehen

DER MENSCH IST EINE SCHLECHTE MASCHINE. Nur wenige unserer Dinge und Geräte zu Hause könnten wir aus eigener Kraft antreiben. Wir könnten unsere Wohnungen nicht heizen, die Waschmaschine nicht laufen und den Gefrierschrank nicht gefrieren lassen. Wir hätten kein Warmwasser, keine Staubsauger und keine schön geföhnten Haare. Wir könnten nicht einmal eine Scheibe Brot toasten, weil wir nicht wie Robert sind.

Im Internet kursiert ein Video über den Bahnradsportler Robert Förstemann, mit Schenkeln wie ein Kaltblutpferd. Robert wurde auf einen Hometrainer mit Generator gesetzt, der mit einem Toaster verbunden war, und fing an zu treten. Das Brot-rösten benötigt 700 Watt (ungefähr ein PS) bei voller Leistung. Robert musste strampeln, bis er blau anlief, und als die getoastete Scheibe schließlich ausgeworfen wurde, war er ähnlich erschöpft wie nach seinem letzten Olympia-Finale. Man braucht also einen Robert, um eine Scheibe Brot zu toasten.

Oder 0,2 Cent. Denn ungefähr so viel bezahlen wir (ja, plus Festkosten) für diese Strommenge, 0,021 Kilowattstunden, die für das Toasten nötig ist. Also 0,2 Cent, um nicht wie ein Olympionike strampeln zu müssen.

Aus dem Toasterexperiment können viele Schlüsse gezogen werden:
→ Strom ist billig – deine Stromrechnung ist nicht hoch, weil Strom teuer ist, sondern weil du viel verbrauchst.
→ Wir haben uns daran gewöhnt, diese billige Energie zu verschwenden – für den Verbrauch einer schwedischen Durchschnittsfamilie müsste Robert etwa 1,2 Millionen Mal zum Einsatz kommen.
→ Es ist schwer, bei etwas sparsam zu sein, bei dem wir uns Verschwendung angewöhnt haben – vielleicht würde es helfen, wenn man Strom komplett verbrauchsabhängig berechnete – null Verbrauch wären null Euro auf der Stromrechnung.
→ Wenn du als Normalmensch mit normaler Kondition auf Roberts Fahrrad säßest, müsstest du 28 Stunden für ein warmes Bad strampeln, 10 Stunden, um den Trockner für eine Stunde laufen zu lassen, 5 Stunden für eine Stunde Staubsaugen, 3 Stunden für eine 40-Grad-Wäsche, 1 Stunde für acht Tassen Kaffee in der Maschine, 20 Minuten für eine Stunde Fernsehen und 9 Minuten, um dein Handy zu laden. Ungefähr.

42

—————

Stell auf Strom aus erneuerbaren Energien um

DIE SCHWEDISCHE STROMPRODUKTION besteht zu 80 Prozent aus Kernkraft und Wasserkraft (zu gleichen Anteilen), beides klimasmarte Energiequellen. Der Strom, den die Schweden verbrauchen, stammt weiterhin zu gewissen Teilen (ca. 20 Prozent) aus Kraftwerken, die mit fossilen Brennstoffen wie Kohle, Öl oder Naturgas betrieben werden. Zu berücksichtigen ist, dass das schwedische Stromnetz mit denen in Norwegen, Finnland, Dänemark, Deutschland, Polen und Litauen verbunden ist, von wo es bei Bedarf Strom importiert und umgekehrt.

Will man das Regierungsziel fossilfreies Schweden bis 2030 erreichen, müssen wir schleunigst diese unvertretbaren, überalterten Kraftwerke abschalten.

Entscheide dich daher für ein Unternehmen, das erneuerbaren Strom produziert. Damit ist Strom aus Kraftwerken gemeint, die mit Wasser, Wind, Sonne oder Biokraftstoff betrieben werden, die von der Natur selbst wiederhergestellt werden. Gemeinsam ist ihnen, dass sie nichts zum Teufelskreis des Treibhausgases Kohlendioxid beitragen.

Ruf deinen Stromanbieter an und stell Forderungen. Wenn du dich für erneuerbare Energien entschieden hast, geh sparsam damit um, dann reichen sie für viele.

43

– – – –

Maximiere Maschinenleistungen

BELADE DIE SPÜLMASCHINE KOMPLETT, bevor du sie anwirfst. Verzichte auf das Vorspülen mit warmem Wasser. Benutze das Energiesparprogramm und schalte das Trocknungsprogramm ab. Aber denk auch daran, dass eine Spülmaschine bei richtiger Verwendung energiesparender ist als der Abwasch von Hand. Nimm umweltfreundliches Spülmittel.

Belade die Waschmaschine, benutze nicht zu viel Waschmittel und wähl ein Programm mit möglichst niedriger Temperatur. Wenn du bei 40 statt bei 60 Grad wäschst, halbierst du den Energieverbrauch. 90 Grad sind nur sehr selten nötig. Nimm umweltfreundliches Waschmittel. Vermeide Weichspüler: Die Kleidung verschleißt schneller.

Wenn du Kleidung aus Naturmaterialien trägst, musst du nicht so häufig waschen – Wollpullover werden durch Lüften auf dem Balkon über Nacht genauso sauber.

44

– – – –

Kontrolliere deine Geräte

ÜBERPRÜFE, wie viel Strom Rechner, Fernseher und Fußbodenheizung verbrauchen. Und wie sieht es mit dem Drucker, dem DVD-Player und dem Küchenradio im Standby aus?

Vieles ist in den letzten Jahren besser geworden. Ein moderner Fernseher verbraucht nicht mehr als ein halbes Watt im Standby und das Ladegerät für das Handy verbraucht gar nichts, wenn das Telefon nicht angeschlossen ist.

Trotzdem kann es sich lohnen, die Geräte zu Hause zu überprüfen, um die zu entdecken, die zu viel Energie verbrauchen, und sie dann auszustecken oder komplett abzuschalten.

Stromverbrauch kann auf mehrere Arten überprüft werden.

Stell jemanden an den Stromzähler, während du die Geräte an- und abschaltest – und zieh den Stecker, um den Verbrauch im Standby zu erfahren.

Schaff dir ein modernes Verbrauchsmessgerät an. Es kostet nicht viel und ist im Handel oder bei deinem Stromanbieter erhältlich. Mit eingeschaltetem Verbrauchsmessgerät kannst du über den Rechner oder das Handy ein exaktes Bild des gesamten Stromverbrauchs zu Hause erhalten.

Eine einfachere Variante ist ein Strommessgerät. Es wird in die Steckdose gesteckt und dann können nacheinander Geräte zur Verbrauchsmessung damit verbunden werden.

45
- - - - -
Nimm den Zug

WENN ZWEI PERSONEN von Göteborg nach New York fliegen, erzeugen sie genauso viel Treibhausgase, als nähmen ALLE anderen Göteborger den Zug nach Stockholm.

Nimm das Beispiel so, wie es ist: ein anschauliches Bild für den Größenunterschied zwischen Zügen, die mit erneuerbarer Energie fahren, und Flugzeugen, die fossile Energie verbrauchen.

Immer mehr Menschen nehmen den Zug. Die Anzahl der Zugreisen hat sich seit 1990 verdoppelt. Wir nehmen den Zug der Umwelt zuliebe, aber auch, weil es oft bequemer ist als Fliegen. Dabei geht es aber meist um Kurzstrecken. Dauert eine Zugfahrt über vier Stunden, tendieren wir weiter zum Flug.

Beim Urlaub im Süden entscheiden sich jedoch nur wenige für den Zug. Es gibt viele Gründe: Es ist umständlicher geworden, die meisten Nachtzüge wurden abgeschafft – wie auch grenzüberschreitende Verbindungen. Nach Málaga muss man den Zug auf der 45-Stunden-Reise zum Beispiel zehnmal wechseln. Außerdem hat die schwedische Eisenbahngesellschaft SJ den Verkauf von ausländischen Fahrkarten eingestellt. So wird es verhältnismäßig teurer, eine Zugfahrkarte kostet bis zu zehnmal mehr als ein Flugticket.

Die Forderung nach besseren Zugverbindungen und Buchungsmöglichkeiten von einheimischen und EU-Politikern ist eine gute Idee, auch wenn das übertrieben gesagt etwas utopisch klingt. Früher wurden lange Zuglinien festgelegt, indem eine Handvoll staatlicher Unternehmen sich einigte. Die Staaten sahen es als äußerst wichtig an, die Länder zu verbinden. Heute, auf einem deregulierten Markt, sind es stattdessen hunderte Akteure, deren Ziel der Gewinn ist. Dazu kommt eine behindernde Bürokratie mit einem nie da gewesenen, an sich lobenswerten Sicherheitshintergrund. Ein Beispiel: Wenn man mit dem Zug von Stockholm nach Brüssel fahren möchte, muss fünfsprachiges Personal an Bord sein, für jeden Sprachbereich, der passiert wird.

Aber noch rollen die Züge und der moderne Zugvagabund – es gibt noch Interrail-Tickets –, der die richtigen Verbindungen sucht, schaut zum Beispiel auf der Website der Deutschen Bahn (bahn.de), um die Fahrkarte schließlich per Anruf im Reisebüro am Bahnhof Kalmar zu kaufen, das noch die Dienstleistung „Erlebe Europa mit dem Zug" anbietet.

Die Bahn-App Rail Planner ist eine gute Ergänzung für die Planung – Göteborg–Rom 29 Stunden und 33 Minuten, sechs Umstiege –, nicht zuletzt, um klar zu sehen, auf welchen Strecken reserviert werden muss.

46

Fang
die Sonne ein

DIE ZUKUNFT GEHÖRT DER SONNENENERGIE, weil sie leise ist, demokratisch und für viele Millionen Jahre zur Verfügung steht. Die Energie der Sonne kann prinzipiell auf zwei Arten eingefangen werden.

Die einfachere Variante besteht darin, einen Sonnenkollektor auf dem Dach anzubringen, der eine Flüssigkeit erhitzt, die dann den Warmwasserbereiter des Hauses erwärmt. Ein 5 Quadratmeter großer Sonnenkollektor deckt ungefähr die Hälfte des Bedarfs eines Haushalts an Warmwasser. Es gibt Varianten in größerem Stil, bei denen Flüssigkeit erwärmt und verdampft wird. Der Dampf treibt eine Elektroturbine an, das ist jedoch nichts für den privaten Gebrauch.

Die fortschrittlichere Lösung sind Solarzellen, mit denen die Energie der Sonnenstrahlen direkt in Elektrizität umgewandelt wird.

Drei bemerkenswerte Fakten zur Sonne:

→ Ein normales Einfamilienhausdach in Schweden erhält ungefähr fünfmal so viel Sonnenenergie, wie der Haushalt benötigt.

→ In sonnigen Gegenden weltweit ist Sonnenenergie im großen Stil die billigste Energiequelle, also billiger als Strom, der mit fossilen Brennstoffen und Windkraft produziert wird.

→ Die Sonnenenergie, die in einer Stunde auf die Erdoberfläche trifft, reicht aus, um den Gesamtbedarf an Energie weltweit für ein Jahr zu decken.

Sonnenenergie auf dem Hausdach eignet sich aber gut für den Hausgebrauch. Sie braucht keinen zusätzlichen Platz. Es müssen keine neuen Leitungen gezogen werden. Mögliche Überschüsse können über vorhandene Leitungen direkt an das Energieunternehmen verkauft werden. Und Stockholm zum Beispiel hat tatsächlich mehr Sonnenstunden als das erheblich südlichere Zürich. Dächer haben wir auch genug.

Worauf warten wir also?

Dass die Solarzellen noch billiger werden. Der Preisverfall war in den letzten Jahren dramatisch, aber es dauert immer noch mindestens 20 Jahre, bis sich die Investition eines Einfamilienhausbesitzers amortisiert hat. Dass Baugenehmigungsanträge vereinfacht werden und das Stromzertifizierungssystem, bei dem Solarzellenbesitzer nicht verwendeten Strom an ein Energieunternehmen verkaufen, auch flexibler wird. Dass sie schöner werden. Im Experimentierstadium befinden sich Varianten, die transparent sind und Dachziegeln ähneln. Das klingt gut.

47

Senke die Temperatur

EIN WEIN MIT ZIMMERTEMPERATUR sollte mit 16 bis 18 Grad serviert werden. Der Ausdruck stammt aus Zeiten, in denen wir uns das Beheizen unserer Wohnungen auf mindestens 22 Grad nicht leisten konnten.

Unser privater Energieverbrauch ist zum größten Teil, zu 60 Prozent, auf die Heizung zurückzuführen, während Haushalt und Warmwasser jeweils 20 Prozent erfordern.

Die Absenkung der Innentemperatur von 22 auf 20 Grad ist daher die schnellste Methode, den Energieverbrauch zu Hause zu senken. Und die wirtschaftlichste – die reduzierten Ausgaben für die Heizung reichen für Pullover und Pantoffeln für die ganze Familie.

Versuche gleichzeitig, achtsam mit der Wärme umzugehen und sie nicht unnötig zu verschwenden: Achte darauf, dass Außentüren und Fenster richtig dicht sind, lüfte schnell und richtig, statt das Fenster zu kippen, achte darauf, dass die Luft zirkulieren kann, indem du Möbel nicht nah aneinander platziert und keine dicken Vorhänge vor die Heizung hängst, dreh die Temperatur nachts herunter und lass Räume, die du selten nutzt, kühler.

Wenn du an einen Neubau denkst, kann es sinnvoll sein, die Begriffe Passiv- oder Plusenergiehaus zu erforschen. Das Erste ist ein extrem energiesparendes Haus, während das Zweite, wie der Name schon andeutet, mehr Energie erzeugt als die Wohnung braucht, weil gut gedämmt wird und Solarzellen oder eine andere Form lokal erneuerbarer Energien genutzt werden.

Der Wein erlangt Zimmertemperatur, wenn du ihn für eine halbe Stunde in den Kühlschrank stellst.

48

Staycation!

DAS BEDEUTET URLAUB zu Hause.

Paddeln, wandern, Rad fahren, segeln oder in einer Bergstube sitzen und nur schauen. Der Aufenthalt in unserer schönen Natur ist garantiert klimasmarter als eine Flugreise ins Ausland, und er ist garantiert genauso lohnend. Wenn du dann ein Ziel für den Urlaub suchst, das nicht nur Sonne und Strand verspricht, wirst du nicht enttäuscht sein: Beobachte einen Seeadler, zelte auf einer Insel, lausche den Möwen, besuche ein Meeresreservat, ein Naturschutzgebiet, fahr mit dem Rad zur Eisdiele, halte Ausschau nach Bergziegen, wandere, bis du krumm bist, oder lies ein Buch mit den Bergen im Rücken.

Es ist lange her, dass ein Urlaub in Deutschland nur hieß, viel zu wandern und schlecht zu essen. Jetzt gibt es Spas an jeder Ecke und die Gourmetköche in den dünn besiedelten Gebieten haben den Spirituskocher und die Trockennahrung in die Flucht geschlagen.

Je mehr du dich in der Natur bewegst, umso mehr wirst du sie auch erhalten wollen. Das ist gut. Die Natur darf nicht zum Schaukasten oder Freilichtmuseum werden, das man ab und an besucht. Wir sind ein natürlicher Bestandteil der Natur und für unser Überleben völlig von ihren Angeboten und Ressourcen abhängig – da gibt es keine Trennung. Was man liebt, das pflegt man. Dafür werden alle künftigen Generationen dankbar sein. Außerdem gibt es viele Studien dazu, dass uns die Natur ruhiger und glücklicher macht.

Wenn du Hilfe bei der Planung brauchst, gibt es gute Homepages von Touristenvereinigungen und Naturtourismusunternehmen.

49

Steig auf Umweltautos um

DER AUSSTOSS AN KOHLENDIOXID VON Privatfahrzeugen sinkt weiter. Das ist gut. Weniger gut ist, dass die Emissionsreduktion auf sparsamere Motoren und mehr Umweltautos zurückzuführen ist, nicht auf weniger gefahrene Kilometer.

Damit Schweden bis 2030 fossilfrei wird, was dem Ziel der Regierung entspricht, müssen Benzin- und Dieselfahrzeuge so schnell wie möglich abgeschafft werden. Hier Alternativen, die es heute gibt:

Elektroauto. Der geringste Einfluss auf das Klima, für die meisten aber immer noch eine unangemessen teure Alternative. Der größte Klimanutzen wird natürlich durch Ladestrom aus erneuerbaren Energiequellen generiert.

Biogas. Minimaler Einfluss auf das Klima. Biogas wird lokal produziert, ist ein erneuerbarer Treibstoff durch Vergärung von Biomasse aus Kläranlagen, Abfällen aus der Lebensmittelindustrie oder sortiertem Hausabfall. Keine Diktatur hat sich durch ihn bereichert, kein Land hat wegen dieses Brennstoffs Kriege geführt. Eine ausgezeichnete Alternative aus der Kreislaufperspektive: Abfall aus einem Bereich wird zur Ressource in einem anderen.

Hybridauto. Außer einem Elektromotor hat es einen normalen Benzin- oder Dieselmotor. Gute Alternative für Kurzpendler, weil die Batterie oft eine kurze Reichweite hat.

Ethanol. E85 besteht zu 85 Prozent aus Ethanol und zu 15 Prozent aus Benzin. Diskutierter Treibstoff, der besser ist als sein Ruf. Die Kritik ist auch darauf gerichtet, dass Ethanol aus „Nahrungsmitteln" wie Mais, Zuckerrohr und Weizen hergestellt wird. Ethanol kann jedoch auch aus Stroh und Überschüssen aus der Forstindustrie produziert werden. Es ist ganz einfach, viele Benziner so umzubauen, dass auch sie mit E85 fahren können.

Biodiesel. Steht aus denselben Gründen in der Kritik, wenn er aus Raps hergestellt wird. In Schweden gibt es jetzt Diesel mit dem Schwanenumweltsiegel, der zum größten Teil aus Kiefernöl gewonnen wird. Geblieben ist jedoch das Emissionsproblem mit Stickoxiden. Auch mit Biodiesel im Tank und selektiver katalytischer Reduktion werden sich Biodieselfahrzeuge auch künftig mehr für ländliche Bereiche als für Städte mit ohnehin schon schlechter Luftqualität eignen.

Wasserstoff. Ein Brennstoffzellenfahrzeug, das mit Wasserstoff betankt wird, ist sehr energieeffizient und sauber im Betrieb – aus dem Auspuff kommt nur Wasser. Die Technik befindet sich jedoch noch in der Entwicklungsphase, mit nur einer

Handvoll Tankstellen in Schweden und ein paar lieferbaren Automodellen.

Fahr dann so wenig wie möglich mit deinem Umweltauto, dann reichen erneuerbarer Strom und Biokraftstoff für viele.

Vergiss auch nicht, dass ein Umweltauto eine klimasmartere Art ist, Urlaub in Europa zu machen. Es gibt ein ausreichendes Angebot an Gas-, Ethanol- und Biodieseltankstellen. Und Ladestationen natürlich. Die Homepage deines Umweltfahrzeugs zeigt, wo du die richtige Tankstelle findest.

50

Werde zum Ökofahrer

WENN DU ZU EINEM klügeren, achtsameren Fahrer wirst, kannst du deinen Umwelteinfluss als Autofahrer reduzieren.

Fahr im höchstmöglichen Gang (und damit mit niedriger Drehzahl). Schalte vom ersten direkt in den dritten und von dort in den fünften Gang.

Roll Abhänge hinunter, ohne Gas zu geben, und beschleunige bergauf nicht.

Versuche, so gleichmäßig wie möglich zu fahren, mit wenigen Bremsvorgängen und wenig Gas.

Nutz die Klimaanlage nur, wenn es absolut nötig ist.

Ein Zuheizer hilft beim Kaltstart. Ein kalter Motor setzt während der ersten Kilometer zehnmal mehr Kohlendioxid frei als ein warmer.

Fahr mit dem richtigen Luftdruck, das reduziert den Kraftstoffverbrauch. Wenn jeder in der Provinz Stockholm mit dem empfohlenen Reifendruck führe, könnten 20 Millionen Liter Kraftstoff pro Jahr eingespart und der Umwelt 47.000 Tonnen Kohlendioxid erspart werden.

Halte die Geschwindigkeit. Wenn niemand in Schweden zu schnell führe, reduzierte das die Kohlendioxidemission um 700.000 Tonnen pro Jahr.

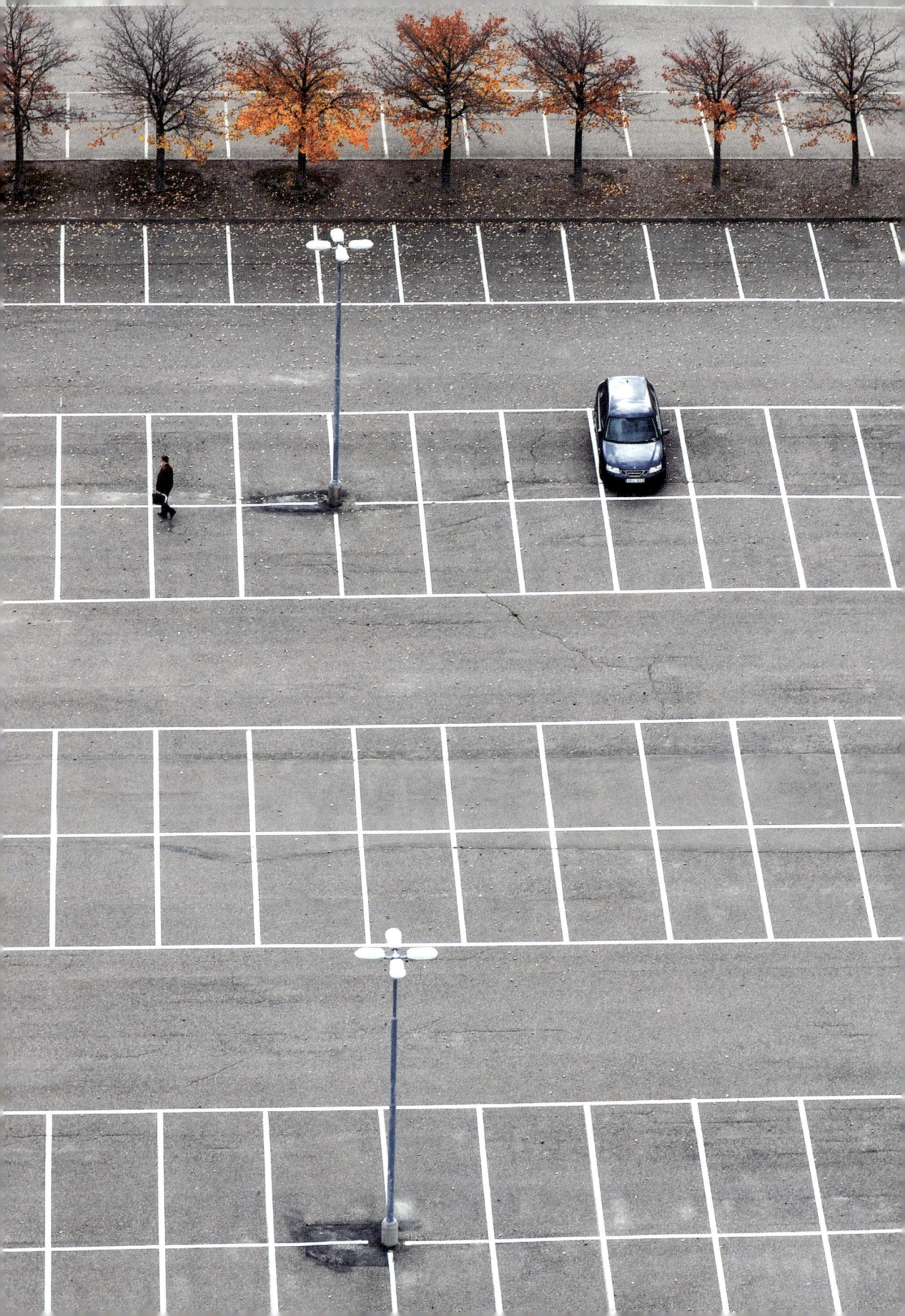

51

Nimm am Carsharing teil

EIN PRIVATAUTO ist durchschnittlich 95 Prozent der Zeit geparkt. Das Teilen des Autos mit anderen ist deshalb überhaupt keine komische Idee, besonders, wenn du in einer Stadt wohnst, wo Parkraum immer knapper wird.

Carsharing gibt es heute in allen möglichen Formen, von kleinen Stadtteilvarianten mit ein oder zwei Fahrzeugen bis hin zu landesweiten Lösungen mit hunderten von Fahrzeugen. Üblicherweise zahlt man pro Stunde, Tag, Wochenende oder Woche. Die Autos werden an derselben Stelle abgeholt und wieder geparkt. Oft muss man Mitglied werden, aber nicht immer.

Inzwischen gibt es auch Konzepte, bei denen das Auto an beliebigen Orten geholt und auch abgestellt werden kann. Das Fahrzeug wird mit der Smartphone-App geortet und kann nach der Fahrt beliebig abgestellt werden. Unglaublich flexibel – und du hast keine Last durch Service, Überprüfung, Versicherung und Steuern.

In der Mitgliedschaft einiger Carsharing-Gemeinschaften sind Jahrestickets für den öffentlichen Nahverkehr enthalten. Smart!

Wenn du dein Auto nur mit ein paar Freunden teilen möchtest, gibt es kostenlose, einfache Buchungsprogramme im Internet.

52

Pack das Auto voll

JE MEHR PERSONEN IM FAHRZEUG, desto weniger Autos. Das moderne Trampen mit ein paar Klicks im Netz hat den ausgestreckten Daumen am Straßenrand ersetzt.

Mitfahrzentralen sind über Homepages oder Facebook zu finden. Das hat zahlreiche Vorteile. Der Tramper muss nicht im Gebüsch stehen und warten. Die Fahrt kann im Voraus geplant werden. Und weil eine Registrierung erforderlich ist, können sich beide Parteien sicherer fühlen. Im besten Fall kannst du sogar neue Bekanntschaften machen!

Der einzig mögliche Nachteil für den Mitfahrer besteht darin, dass man üblicherweise die Treibstoffkosten teilt.

In Europa gibt es die Mitfahrzentrale BlaBlaCar.

53

_ _ _ _ _

Sei sparsam in der Küche – schon wieder

NICHT, WAS DAS ESSEN BETRIFFT, sondern bei der Energie.

Tau Gefrorenes im Kühlschrank auf, was dann die Kälte ausnutzt, und nicht in der Mikrowelle.

Schalte Kochplatten ein paar Minuten früher aus. Eier, Pasta, Kartoffeln oder was auch immer gerade kocht, können in der Restwärme des Wassers garen.

Öffne die Kühlschranktür so selten und kurz wie möglich.

Benutze einen Wasserkocher, statt Wasser auf dem Herd zu erhitzen.

Benutze den Ofen für mehrere Dinge, wenn er ohnehin aufgeheizt ist. Nach dem Gratin reduzierst du die Hitze und backst ein Brot, danach schaltest du weiter zurück und backst ein Blech Knäckebrot, dann schaltest du ihn ab und bereitest mit der Restwärme Croûtons zu.

Auch das Staubsaugen der Kühlschrankrückseite und regelmäßiges Abtauen des Gefrierschranks sparen Energie.

54

_ _ _ _ _

Füll auf

AKTUELLE ZAHLEN zeigen, dass in Schweden innerhalb eines Jahres gut 896.300 Tonnen Verpackungen recycelt wurden. Das ist pro Kopf sicherlich Weltrekord, aber dennoch nicht mehr als 69 Prozent der Gesamtanzahl an Verpackungen.

Recycling ist natürlich ausgezeichnet, besser wäre es jedoch, natürliche Ressourcen und unsere eigene Energie in etwas anderes zu investieren als in das Nachhauseschleppen von Verpackungen, um sie so gut wie direkt zum Recycling zu geben.

Sprich mit deinem Händler, ruf Hersteller an oder sende ihnen eine E-Mail, um Nachfüllpackungen oder unverpackte Ware zu fordern.

Inzwischen können wir die Latte höherlegen und versuchen, wirklich sämtliche Verpackungen zu recyceln. Denn wie schwer kann das sein?

Findest du das schwer? Sprich mit deinem Vermieter, dem Kommunal- oder Bundestagsabgeordneten – sie sind dafür verantwortlich, dass es einfach geht.

55

Such dir eine Lieblingsfähre

WEIL ES NICHT in Ordnung ist, dass verantwortungsvolle Reeder, die ihr Bestes tun, von der Konkurrenz aus verantwortungslosen Reedern ausgeschaltet werden, deren Schiffsmotoren weiter Partikel sowie große Mengen Stickoxide und Schwefel ausstoßen, die schlecht für unsere Gesundheit sind und Seen und Wasserläufe versauern.

Natürlich, oft hat man keine Wahl, du möchtest auf eine Insel und es gibt nur eine Fähre, die mit einem umweltschädlichen Antrieb ausgerüstet ist. Dann nimm sie, weise aber die Reederei gern darauf hin, dass du eine grüne Alternative vorziehen würdest.

In anderen Fällen hat man die Wahl. Es gibt Fähren, die elektrisch fahren und andere, die mit Naturgas betankt werden (Biogas wäre noch besser). Favorisiere diese (auf den Homepages der Reeder gibt es detaillierte Informationen). Sonst entscheide dich mangels besserer Alternative für Schiffe mit modernen, katalytisch gereinigten Dieselmotoren mit Partikelfilter.

Wenn du eine Kreuzfahrt unternehmen möchtest, solltest du im Internet nach dem jeweiligen Schiff suchen, was häufig entmutigend ist. Über eines der größten Kreuzfahrtschiffe der Welt, die „Harmony of the Seas", haben deutsche Experten für Meeresverschmutzung geschrieben, dass es mindestens 170.000 Liter Diesel täglich verbrennt, der – im besten Fall – 100-mal mehr Schwefel als Diesel für Pkws enthält und somit 5 Tonnen schädliche Stickoxide und 450 Kilo schädliche Partikel freisetzt.

56

Flieg schlau

VERLANGE VON DEINEN POLITIKERN, allen voran von deinem EU-Abgeordneten, dass sie die Frage nach grüneren Flügen und Kohlendioxidsteuer auf Flugbenzin priorisieren. Das ist konstruktiver als unter Flugscham zu leiden.

Flugzeuge unterscheiden sich nicht grundlegend von verschiedenen Autos und Schiffen. Ein modernes Flugzeug verbraucht weniger als 2,4 Deziliter Treibstoff pro Passagier auf 10 Kilometern. Heute haben moderne Flugzeuge ihre Emissionen durch effektivere Motoren, Design und grüne Anflüge (ein bisschen wie Eco-Driving) reduzieren können. Der Flug von Stockholm nach Helsingfors ist deshalb für das Klima nicht viel negativer als die Fahrt mit der Fähre, die mit einem Dieselmotor betrieben wird. Das Problem ist natürlich, dass wir weit fliegen – ein Trip nach Los Angeles entspricht dem, was ein durchschnittlicher schwedischer Autofahrer in einem Jahr fährt, und die Flugzeugemissionen sind noch verheerender, weil sie in großer Höhe erfolgen, was den Treibhauseffekt verstärkt.

Der Einfluss des Flugzeugs auf das Klima darf somit nicht ignoriert oder mit anderen Transportmitteln gleichgestellt werden. Heute gibt es Alternativen aus erneuerbaren Kraftstoffen am Markt. Sie werden jedoch nicht genutzt, weil sie als zu teuer betrachtet werden.

Aber mit etwas Perspektive entgehen wir der Panik, denn aus Panik entsteht selten etwas Gutes. Heute steht das Flugzeug laut UN-Ausschuss für Klimaänderungen, IPCC, für 3,5 Prozent der freigesetzten Treibhausgase. Bis 2050 wird ein Anstieg auf 5 Prozent, im schlimmsten Fall auf 15 Prozent prognostiziert. Das ist alarmierend. Alle, wirklich alle Prognosen müssen umgekehrt werden.

Schon 2008 flog Virgin Atlantic mit 20 Prozent Biotreibstoff in den Tanks über den Atlantik. SAS flog die Strecke Stockholm–Östersund mit einem Biotreibstoffgemisch aus wiedergewonnenem Frittieröl. 2011 überquerte eine Gulfstream mit 50 Prozent Biotreibstoffgemisch aus Leindotter, der zusammen mit Weizen angebaut werden kann, den Atlantik. Die niederländische Fluggesellschaft KLM nutzte viele Jahre Biotreibstoffgemisch für Flüge nach New York und in die Karibik. Auch die amerikanische Luftwaffe hat heute Flugzeuge vom Typ F-16 und C-17, die zu 100 Prozent mit Biotreibstoff fliegen.

Und 2016 umrundete der Franzose Bertrand Piccard die Welt mit seinem Flugzeug, dessen Motoren komplett mit Energie aus Solarzellen betrieben wurden.

Es ist also nur an der Politik, die Dinge in Gang zu setzen.

Bei der grünen Entwicklung im Autobereich ging es ausschließlich um politische Lenkungsmittel, Steuern, Abgaben, Verbote und Prämien. Aus dem Fahrzeugtreibstoff wurden Schwefel und Blei entfernt, der Kohlendioxidausstoß wurde dramatisch reduziert und Alternativen zu fossilen Brennstoffen, wie Strom, Biodiesel, Ethanol, Biogas und Wasserstoff, haben ihren Weg auf den Markt gefunden.

Du selbst kannst so klug wie möglich fliegen, bis die Politiker die Treibstofffrage gelöst haben. Das bedeutet, selten zu fliegen (immer prüfen, ob der Zug eine Alternative sein kann), nicht so weit (du sparst 10.000 Flugkilometer, wenn du dich fürs Mittelmeer statt für Asien entscheidest) – und bleib lange (einmal Langzeiturlaub ist günstiger für das Klima als viele Wochenendtrips).

Achte auch darauf, dass das Unternehmen, für das du arbeitest, eine grüne Reisepolitik umsetzt, dass keine Strecken geflogen werden, die auch problemlos mit dem Zug zurückgelegt werden könnten, und persönliche Meetings beispielsweise durch Videokonferenzen ersetzt werden.

57

Transport-
kontrolle

MANCHMAL ist es fast unmöglich, festzustellen, woher eine Ware stammt. Auf einem Tetrapack mit Bohnen kann stehen „Angebaut in China/Polen/Türkei", auf der nächsten Verpackung „Mischung aus Honig aus EU-Ländern und anderen". Versuch trotzdem, die Herkunft herauszufinden.

Heute werden die Weltmeere von riesigen Frachtern befahren, von denen jeder tausende Container transportiert. Das führt zu geringen Transportkosten: Der Transport von einem Kilo Waren von Brooklyn nach Bremen kostet ungefähr 5 Cent. Wenn du am Kai in Göteborg stehst und auf dein Paket wartest, machen die Versandkosten daher einen kleinen Teil dessen aus, was du ungeachtet des Ursprungsortes bezahlst. Gleichzeitig verändert sich der ökologische Fußabdruck der Waren nicht nennenswert dadurch, wenn sie woanders verladen werden. Wird die Ware dann mit dem Zug weiter in deine Stadt transportiert, stammt der größte Klimaeinfluss dann von der Fahrt vom Bahnhof zum Geschäft und wieder zu dir nach Hause. Ob die Bananen aus Costa Rica oder Las Palmas kommen, spielt also eine kleinere Rolle als deine Entscheidung für Fahrrad oder Auto.

Unser Klimaeinfluss steigt dagegen drastisch an, wenn die Waren stattdessen mit dem Lastwagen quer durch Europa transportiert oder aus Schanghai eingeflogen werden.

Auch Waren, die letztendlich exportiert werden, können zunächst einen Import verlangen, weil sie oft aus Teilen bestehen, die im Ausland hergestellt werden. 70 Prozent der Treibhausgasemissionen unserer Exportunternehmen erfolgen somit in anderen Ländern. Schätzungsweise macht die Hälfte der Kohlendioxidemissionen, die der schwedische Konsum generiert, importierte Waren und Dienstleistungen aus.

Wenn du einen neuen Fernseher, Rechner oder ein neues Telefon brauchst, legen diese garantiert lange Wege zurück. Zu anderen Waren, vor allem Lebensmitteln, gibt es oft eine nah produzierte Alternative. Deutsche oder niederländische Milch? Deutsche Kartoffeln oder kanarische? Deutsche Äpfel oder neuseeländische? Deutscher Wein oder südafrikanischer? Richtig schwer wird die Entscheidung, wenn es keine einheimische Alternative gibt. Wenn wir aber ansonsten engagiert sind und nicht nachlässig oder geizig in Weitwegistan einkaufen, ist es in Ordnung, wenn wir uns etwas gönnen, das wir mögen, unabhängig vom Herkunftsland.

58

Tu Buße

NACH LONDON GEFLOGEN? Pflanze 29 Bäume. Nach New York? Steigere das Ganze auf 144 Bäume. Bangkok? Dann wird es ein kleiner Wald, 197 Bäume.

Wenn du das erledigt hast, sind du und das Klima quitt.

Eine Flugreise Göteborg–London und zurück erzeugt 350 Kilo des Treibhausgases Kohlendioxid, Stockholm–New York 1.730 Kilo und der Trip Kopenhagen–Bangkok 2.370 Kilo. Ungefähr.

Die Alternative zum Bäumepflanzen besteht in der Investition in Projekte, die fossile Energiequellen zugunsten erneuerbarer aufgeben oder an Energieeinsparungen arbeiten. Die Investition in ein Projekt, bei dem Solarzellen oder Windkraftwerke frühere Stromquellen ersetzen, die Kohlendioxid erzeugten, ist eine „sicherere" Alternative, da ein Wald immer missbewirtschaftet werden oder abbrennen kann, wobei dann das komplette gespeicherte Kohlendioxid wieder freigesetzt wird. Solche Fälle hat es gegeben, als Unternehmen Wald als Klimakompensation gekauft haben. Prüfe daher sorgfältig, von wem du Bäume kaufst. Gemeinschaftswald ist eine gute Wahl.

Im Unterschied zu anderen Umweltproblemen geht es beim Klimaproblem nicht um giftige Substanzen. Der Treibhauseffekt, die Erderwärmung, ist eher eine Übersättigung, deren Ursache zu viel des Guten ist.

Etwas vereinfacht könnte man den Treibhauseffekt folgendermaßen erklären: Vor der industriellen Revolution war der Naturkreislauf des häufigsten Treibhausgases, Kohlendioxid, ausgeglichen. Bäume nehmen Kohlendioxid aus der Luft auf. Mit Sonnenenergie und Fotosynthese wird das Kohlendioxid in Sauerstoff und Kohlenhydrate umgewandelt. Die Kohlenhydrate werden zu Bausteinen für das Wachstum der Bäume. Und auf diese Weise wird Kohlenstoff im heranwachsenden Wald und im Boden gespeichert. Etwa die Hälfte des Holzes eines Baums besteht aus Kohlenstoff. Bäume, die abgeholzt und dann verbrannt werden, setzen das Kohlendioxid, das sie gespeichert haben, frei. Danach wird das freigesetzte Kohlendioxid von neuen Bäumen aufgenommen. Im Zuge der industriellen Revolution fing man jedoch an, Maschinen mit fossilen Brennstoffen zu betreiben, Kohle, Öl und Gas, die sich für Millionen Jahre außerhalb des Kreislaufs befunden hatten. Ziemlich schnell waren daher nicht mehr ausreichend Bäume vorhanden, um die gestiegene Menge Kohlendioxid zu absorbieren, weshalb die Schicht aus Treibhausgasen um die Erde immer dicker wurde.

Und so wie unser Körperfett sind Treibhausgase etwas Notwendiges, beide halten uns unter anderem warm. Gäbe es überhaupt keine Treibhausgase, wäre die Durchschnittstemperatur auf der Erde so niedrig, dass der Planet unbewohnbar wäre.

Nun ist das Klimasystem komplexer als nur das Verhältnis zwischen Kohlendioxid und der Anzahl Bäume. Unsere Meere absorbieren zwei Drittel unseres Kohlendioxidausstoßes, weshalb sie noch wichtigere Kohlenstoffspeicher sind als unsere Wälder. Das Problem mit den Meeren ist, dass sie anfangen, zu saturieren (ihr Aufnahmevermögen ist gesättigt) und durch die absorbierten Kohlendioxide versauern. Das führt zu vielen Problemen, wie zum Korallensterben mit nachfolgendem Kollaps der Fischbestände. Dann haben wir das Problem mit unseren Polen und Gletschern, die Sonnenenergie reflektieren. Wenn das Eis schmilzt, verschwindet die reflektierende Funktion und die Erde erwärmt sich noch schneller.

Klimakompensation ist umstritten. Nicht einmal Umweltschutzorganisationen sind sich hier einig. Kritiker sind der Ansicht, dass sich Klimakompensateure freikaufen, dass Emissionen kompensiert statt verringert werden und die Kontrolle über die Organisationen, die die Kompensation verwalten, zu schlecht ist. Das resultiert darin, dass nur 1 Prozent der schwedischen Fluggäste ihre Reisen mit Fluggesellschaften und nur zehn schwedische Behörden (von 448) die Flüge des eigenen Personals kompensieren.

Dennoch, einen Baum zu pflanzen, Solarzellen zu installieren oder ein Windrad drehen zu lassen, kann niemals falsch sein.

Wer kompensieren möchte und sich nicht damit zufriedengibt, einfach Geld für einen Gemeinschaftswald zu schicken, sollte auf das Zertifizierungssystem Gold Standard für solche Arten von Transaktionen achten. Ausgezeichnet damit sind unter anderem Tricorona, Greenseat, Myclimate, Climatecare und Atmosfair.

59

Fahr Rad

OFT UND ÜBERALL und pausenlos – es gibt Spikereifen.

Wenn du mit dem Rad fährst und das Auto stehen lässt, sparst du Geld, trägst zum sicheren, leiseren Verkehr bei und reduzierst den Ausstoß von Treibhausgasen. Mit jedem eingesparten Liter Benzin ersparst du dem Klima gut 2 Kilo Kohlendioxid. Gleichzeitig sparst du Energie, die ungefähr 9 Kilowattstunden entspricht – die können zum Beispiel eine 7-Watt-Leselampe 1.286 Stunden ($\approx$ 91 Krimis) betreiben.

Heute müssen für Radfahrer Entfernung, Hügel oder Ermüdung keine Hemmschwellen mehr sein, weil es alle möglichen Varianten von E-Bikes gibt: faltbare, Tandems, Rennräder, Damenräder und Transportvarianten mit Platz für den Großeinkauf oder vier Kinder. Wenn du dich gegen das Auto entscheidest und 100 Kilometer Rad fährst, hast du den Ausstoß an Treibhausgasen um dieselbe Menge reduziert wie zur Herstellung eines Fahrradakkus benötigt wird.

Wenn du Rad fährst, machst du das auch für die Gesellschaft. Du wirst durch Radfahren gesünder, was natürlich gut für dich ist, aber ganz genau betrachtet stellt Radfahren einen wirtschaftlichen Gewinn für alle dar. Norwegische Forscher haben errechnet, dass die Gesellschaft 14,80 Kronen (etwa 1,50 Euro) pro geradeltem Kilometer einspart. Vor allem geht es darum, dass gesündere Menschen weniger teure Krankenpflege und Medikamente benötigen und Fahrräder eine weniger teure Infrastruktur.

Das Gegenteil gilt für Autofahrer – sie kosten 5,9 Kronen (etwa 50 Cent) pro Kilometer.

Die addierte Differenz zwischen Rad- und Autofahrer beträgt somit über 2 Euro. Pro Kilometer!

Daraus hat man im norwegischen Lillestrøm Lehren gezogen, als man ein System mit der Bezeichnung „Umgekehrte Autosteuer" testete. Die Stadt zahlte Radfahrern oder Fußgängern für den Weg zur Arbeit Geld, statt die Autofahrer mit Strafabgaben zu belegen.

Sympathischer Versuch und im Grunde nicht so futuristisch, wie das vielleicht in unseren Ohren klingt. Länder wie Belgien, Dänemark, die Niederlande oder Frankreich haben bereits ähnliche Systeme, bei denen Behörden, Institutionen und größere Unternehmen eine Kilometerentschädigung an Radfahrer und Fußgänger zahlen.

60

Reg die Kinder zum Rad- fahren an

VON DEN KINDERN VON HEUTE fahren nur 15 Prozent täglich Fahrrad, im Vergleich zu 24 Prozent ihrer Eltern im Kindesalter.

Dass weniger Kinder Rad fahren, ist eine unglückliche Entwicklung, nicht zuletzt weil das Fahrradfahren gefördert werden muss, wenn wir unser Ziel der fossilfreien Transporte erreichen möchten.

Fordere daher von deinen Lokalpolitikern gute, sichere Geh- und Fahrradwege für Kinder zur Schule und zu Freizeitaktivitäten – und denk dabei auch über die immer größere Bereitschaft der Erwachsenen nach, Kinder überall hinzufahren. Heute sind 80 Prozent aller Autofahrten innerhalb von größeren Orten kürzer als 3 Kilometer. Das ist eine unglaubliche Zahl.

Radfahren ist nicht nur besser für Klima und Umwelt als Autofahren, es ist auch 20-mal gesünder. Außerdem ist das Bringen durch die Eltern, meist als sichere Art des Transportes für Kinder gedacht, zu einem ganz eigenen Verkehrsrisiko geworden. Eine Studie unter schwedischen Schulleitern erwies, dass die Hälfte von ihnen die „Taxifahrten" der Eltern als gleich großes Sicherheitsrisiko für Schulkinder wie den restlichen Verkehr einstuften.

250 ml

25

200

150

100

WERDE CHEMIE- FORSCHER

Die Schönen und die Biester

Die Unterscheidung zwischen gefährlichen und unge-
fährlichen Chemikalien gehört zu den schwierigsten
Aufgaben. Deshalb musst du einen Guru finden, der
gut in Chemie ist: eine Person, eine Publikation, eine
Organisation. Jemanden, dessen Empfehlungen du
glauben kannst. Sonst entscheidet man sich leicht
falsch. Denk daran, dass der Unterschied zwischen
Kohlendioxid, dem Gas, das wir ausatmen, und Kohlen-
monoxid, dem Gas, das für uns tödlich ist, nur in einem
Sauerstoffatom besteht.

61

Die Zukunft
wohnt im Wald

DAS MEISTE PLASTIK wird heute aus Rohöl hergestellt. Das ist sowohl für die Umwelt als auch für das Klima schlecht. Für die Umwelt, weil Plastik zu Mikroplastikpartikeln abgebaut wird, die unsere Meere und andere Lebensumgebungen verunreinigen. Für das Klima, wenn Plastik verbrannt wird und so unerwünschtes Kohlendioxid in die Atmosphäre steigt.

Hier kommt der Wald ins Spiel. Alles, was aus Öl hergestellt wird, kann prinzipiell auch aus Holz gefertigt werden. Es ist nur ein bisschen verzwickter. Weil Rohöl vor Millionen Jahren aus Pflanzen- und Tierteilen entstanden ist, ist sein chemischer Aufbau den heutigen Tieren und Pflanzen ähnlich. Beide haben Kohlenstoffatome. Dass es verzwickter ist, macht es teurer, aber es ist möglich. Der große Vorteil bei Produkten, die aus Holzfasern gewonnen werden, besteht weiter, wenn sie schließlich verbrannt werden. Bei der Verbrennung führen sie der Atmosphäre kein zusätzliches Kohlendioxid zu. Das freigesetzte Kohlendioxid, das ein Baum in seinem Lebenszeitraum aufgenommen hat und das dann von einem neuen Baum gespeichert wird, ist Bestandteil eines zyklischen, nachhaltigen Verfahrens. Wenn Öl verbrennt, wird dagegen Kohlendioxid aus einem Produkt freigesetzt, das über Millionen Jahre in der Erde gebildet wurde und deshalb für die Atmosphäre als neues, fossiles Kohlendioxid betrachtet wird.

Deshalb gibt es heute nicht nur Plastiktüten aus Pflanzenfasern, sondern eine Menge Innovationen in allen möglichen Bereichen – mit Waldrohstoffen als Grundlage: Aus Lignin wird Kohlefaser für Fahrradrahmen, Autodächer und Rollatoren hergestellt; das nur ein Kohlenstoffatom dicke Material Graphen, leichter als Luft und stärker als Stahl, wird zur Verstärkung von Komposit und Beton verwendet; organische Elektronik wird für Solarzellen von der Rolle oder künstliche Haut genutzt; aus Nanocellulose, „Kevlar aus dem Wald", werden Fahrradhelme und schusssichere Westen gefertigt. Zudem trägt der Wald zur Herstellung von Batterien, transparentem Holz und Fiberholz bei, das weder brennt noch verrottet.

Ethanol, Diesel und Flugbenzin der Zukunft können ebenfalls aus Waldrohstoffen oder Restprodukten der Forstindustrie gewonnen werden. Die große Herausforderung wird nicht darin bestehen, Bereiche für nachhaltige Produkte aus der Forstindustrie zu bestimmen, sondern die Forstwirtschaft nachhaltig zu betreiben. Alles dreht sich darum, wie wir Böden nutzen: Mehr Wald zur besseren Förderung des Klimas, aber um die biologische Vielfalt zu bewahren, braucht es mehr Naturschutzgebiete. Und da werden Monokulturen aus Jungwald zum Problem.

101

62

Sprich über Chemikalien

HEUTE GIBT ES in einem durchschnittlichen Haushalt mehr chemische Stoffe als in einem Labor vor 100 Jahren. Der Fluss der Chemikalien durch unsere Gesellschaft kann die schwerste Umweltbedrohung unserer Zeit sein.

Im Ostseehering und in den Eisbären werden erhöhte Mengen des Umweltgifts PCB gefunden, schwedisches Rindfleisch hat einen hohen Brandschutzmittelgehalt, viele Käse enthalten Phthalate, Wildfleisch enthält verbotene chlororganische Pestizide und so weiter.

Die EU-Chemikalienverordnung, abgekürzt REACH, ist laut den meisten Kritikern zu verwässert. Etwa 1 Prozent der 1.400 Umweltgifte, die sich laut EU-Kommission auf dem Markt befinden, unterliegen Genehmigungsverfahren.

Hast du eine Anmerkung, bist du besorgt, brauchst du eine Antwort auf eine Frage zu Chemikalien? Verbraucherzentralen und Umweltberatungen helfen per Telefon oder E-Mail. Wenn dich die erhaltene Antwort noch mehr beunruhigt, nimm Kontakt zu deinem EU-Abgeordneten auf. Denn er ist in Brüssel und Straßburg, weil die wichtigen Entscheidungen zu Chemikalien auch künftig dort gefällt werden müssen, um einen größeren Effekt zu haben.

Vergiss nicht, dich an der nächsten Europawahl zu beteiligen. Zuletzt haben nur gut 62 Prozent der wahlberechtigten Deutschen gewählt, natürlich viel zu wenig.

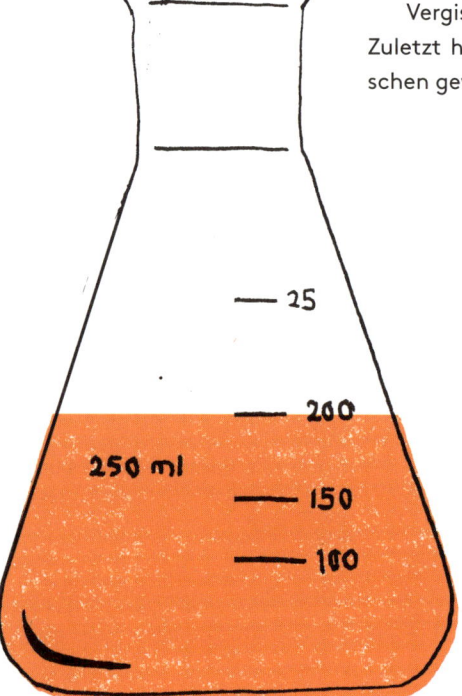

63

Mach deinen Look grüner

FANG MIT DEINER FRISUR AN. Bei einem Test von Gel, Spray und Mousse fielen sämtliche Produkte durch. Alle 38 getesteten Stylingprodukte waren aus Umwelt- und Gesundheitsperspektive schlecht.

Die vorgefundenen Chemikalien waren allergieauslösend, krebsauslösend, beeinträchtigten die Fruchtbarkeit, den Hormonhaushalt oder hatten mutagene Eigenschaften. Natürlich waren sie nur zu geringen Teilen enthalten, aber weil die Produkte hauptsächlich von jungen Leuten verwendet werden, wurden sie dennoch als ungeeignet eingestuft.

Es gibt ein paar Alternativen mit Umweltzertifikat. Such nach ihnen.

Und gleichzeitig nach nachhaltiger Kosmetik. Das ist auch nicht so leicht. Es gibt Seifen und Shampoos, Spülungen und Duschgel mit Umweltkennzeichen, nachhaltige Kosmetik ist jedoch selten. Vermeide auch Deos, die Aluminiumsalze enthalten – bei Frauen ist das mit einem erhöhten Risiko für Brustkrebs verbunden.

Wenn ein Schuppenshampoo denselben Stoff (Zinkpyrithion) enthält, der Bestandteil giftiger Farbe für Bootsböden ist, um Schrauben frei von Seepocken zu halten, solltest du vielleicht nach einer schonenderen Alternative suchen.

Wenn du keine Alternativen mit Umweltzeichen findest, kannst du aus reinem Selbsterhaltungstrieb Produkte mit wenigen, aber verständlichen Stoffen wählen – dann ist das Risiko geringer, dass einer von ihnen für dich und die Umwelt schädlich ist.

64

- - - - -

Liebe deinen Abfluss

WÄRE UNSER ABWASSER frei von Schwermetallen, Farbresten, Arzneimitteln, Ölen, Lösungsmitteln, Mikroplastik und Chemikalien, könnte es ohne großen Aufwand in Schlamm zur Düngung unserer Felder umgewandelt werden.

Feste Gegenstände wie Binden, Baumwolle, Zigarettenstummel, Küchenpapier, Kondome, Pflaster, Rasierklingen, Tampons und Waschlappen sollten auch nicht zum Klärwerk gespült, sondern im Müll entsorgt werden.

Betrachte dein Abwasser als etwas, mit dem du, nach ein bisschen Kompostierung, deine Blumentöpfe düngen könntest.

65

- - - - -

Putze wie früher

JEDES JAHR WERDEN in Schweden zwischen 40.000 und 50.000 Tonnen Putz- und Reinigungsmittel für den Hausgebrauch verkauft, davon viele mit umweltschädlichen Stoffen.

Aber man braucht nicht mehr als ein Spülmittel und einen Allzweckreiniger – natürlich mit Umweltsiegel. Pfeif auf alle Spezialreinigungs- und Desinfektionsmittel.

Versuch lieber zu putzen, wie man es machte, als es nur ein Reinigungsmittel gab, das aus Kiefern gewonnen wurde (grüne Seife).

Essig oder Zitronensäure entfernt Beläge in der Toilette und von Fliesen, Tintenflecken verschwinden mit Weinessig, Fenster werden mit Spülmittel sauber, der Ofen glänzt nach einer Seifenkur, die eine Weile bei niedriger Wärme einwirken darf, und die zerdrückte Praline wird erst vom Sofa gekratzt und danach mit Backpulver in lauwarmem Wasser behandelt.

Wenn du dir dann noch angewöhnst, einen Besen zu benutzen, entgehst du dem Lärm des Staubsaugers und sparst so viel Strom, wie für den Betrieb von 100 LED-Lampen benötigt wird.

66

Finde Gefallen an Bakterien

NATÜRLICH AN DEN GUTEN. Im Prinzip sind alle antibakteriellen Zusätze eine schlechte Lösung für ein erfundenes Problem. Unsere Körper beherbergen zehnmal mehr Bakterien als eigene Zellen und wir sind zum Überleben auf nützliche Bakterien angewiesen – nicht zuletzt auf unsere Darmflora, die für die Verdauung verantwortlich ist. Forscher haben sogar eine Verbindung zwischen verschlechtertem Mikrobiom und Fettleibigkeit nachgewiesen.

Heute befürchtet man einerseits, dass antibakterielle Zusätze die nützlichen Bakterien vernichten, die wir brauchen, um uns wohlzufühlen, und dass sie Resistenzen, beispielsweise gegen Antibiotika, erzeugen, andererseits, dass bestimmte antibakterielle Zusätze an sich umweltschädlich sind und große Schäden verursachen, wenn sie in unseren Abfluss und später in unsere Gewässer gelangen.

Vermeide sie also.

Antibakterielle Zusätze wie Triclosan, Silberverbindungen und zinnorganische Verbindungen sind praktisch überall enthalten, von Zahncreme, Bettwäsche, Pullovern, Spültüchern über Strümpfe, Kühlschränke, Unterwäsche bis hin zu Reinigungsmitteln und Sportbekleidung.

Ein normales antibakterielles Mittel gegen schlechte Luft in synthetischer Sportbekleidung sind Silberionen. Wird der Stoff gewaschen, wird das Silber ausgespült. Erst landet es in unseren Klärwerken, wo es die nützlichen Bakterien vernichtet und die Reinigung verschlechtert. Danach wird das Silber in die Gewässer gespült, wo es Fische tötet, weil es die Funktion ihrer Kiemen hemmt.

Wenn du bestimmte Materialien vermeidest, entgehst du gleichzeitig unerwünschten antibakteriellen Zusätzen. Zum Beispiel Synthetikbekleidung, die teilweise sofort schrecklich stinkt und oder gar nicht warm gewaschen werden darf.

Traditionelle Naturmaterialien und altmodische Hygiene tun es auch.

67

- - - -

Sitz gut

ENTSCHEIDE DICH FÜR GARTENMÖBEL AUS HOLZ statt aus Plastik. Nimm Kiefer, Erle oder Eiche statt weit transportiertem Regenwaldholz. Wenn du trotzdem importiertes Tropenholz bevorzugst, achte darauf, dass es ein Umweltsiegel trägt. Dann ist die Chance größer, dass du nicht zur Abholzung der Regenwälder beiträgst.

Daumen hoch, wenn das Produkt nicht aus Tropenholz besteht und ein Umweltlabel wie die Euroblume trägt.

Was draußen gilt, ist auch drinnen richtig. Überprüfe die Bestandteile eines Möbelstücks, bevor du es kaufst. Wenn du zwischen zwei Stühlen mit folgenden Deklarationen wählen kannst:

1. „Buche/Esche, Wildleder, Sattelgurt, Hanf, Leinenstoff, Rosshaar, Kokosfasern, Watte, Federn, Öl und Seife"
2. „Prime/Kunstleder, Amid-Kunststoff, Nylon, Polyester, Polyesterwatte, Polyether, Polypropylen, Propen-Kunststoff, Stahl (epoxidbeschichtet)"

... dann ist es nachhaltiger, Stuhl Nummer eins zu wählen.

Und nein, Kunstleder hat nicht mehr mit Leder zu tun als eine Plastiktüte.

Deine umweltfreundliche Wahl könnte zunächst teurer sein, kommt aber langfristig deinem Portemonnaie zugute, weil die Lebensdauer länger ist.

68

- - - - -

Lass im Garten fünf gerade sein

WENN WIR SELBST unsere Gärten nicht umweltfreundlich pflegen, wie können wir da von Landwirten fordern, ökologisch zu sein?

Viele Umweltprobleme rühren von der Landwirtschaft her. Gift aus Pestiziden sickert in Seen und Meere. Freigesetzter Dünger führt zu Überdüngung mit Algenblüte, Sauerstoffmangel, sauerstofffreien Todeszonen am Meeresboden und erheblich schlechteren Lebensbedingungen für Fische.

Aber dasselbe passiert in deinem Garten und, berechnet pro Quadratmeter, in höherem Ausmaß.

Kontrolliere deshalb deine Vorräte an Pflanzenschutzmitteln. Hast du Pflanzen, die gespritzt werden müssen, um zu überleben? Tausch sie gegen robustere Sorten aus oder such nach biologischen, umweltfreundlichen Pflanzenschutzmitteln (Tipps gibt es auf den Seiten des Umweltbundesamtes). Vermeide Roundup und ähnliche Mittel – sie sind Umweltbomben!

Setz dich dafür ein, nur ökologische Erde und nur ökologischen Dünger zu kaufen.

Check deinen Maschinenpark. Muss alles brummen, heulen und tuten? Wäre es nicht besser, den Garten von Hand zu pflegen? Handrasenmäher, Heckenschere und Gartenschere? Viel leiser und obendrein sportlich!

Wenn du einen Motorrasenmäher brauchst, entscheide dich für einen elektrischen. Geht das nicht, nimm einen Viertakter, dessen Abgase sauberer sind als die eines Zweitakters. Verwende Alkylatbenzin, so wird der Ausstoß an Kohlenwasserstoff reduziert.

Versuche, deine Einstellung zu ändern. Säe eine Wiese statt eines Rasens und lass pflegeintensive Beete zuwachsen. Was die Nachbarn als Wildwuchs und Unkraut betrachten, kannst du selbst als Freistatt für Schmetterlinge, kleine Vögel, Fledermäuse, Igel, Bienen, Wespen, Hummeln und andere bestäubende Insekten ansehen. Die biologische Vielfalt kann tatsächlich durch weniger Gartenarbeit gefördert werden.

Bau ein Bienenhotel – du musst kein Imker werden, sondern es reicht, wenn du Bienen eine Rückzugsmöglichkeit bietest. Bienen sind als Bestäuber für unsere Landwirtschaft lebenswichtig und sie haben es wegen des immer stärkeren Einsatzes von Chemikalien und Monokulturen im großen Maßstab schwer. Bienen lieben eine abwechslungsreiche Umgebung ohne Gifte. Stell eine Schale mit Wasser am Bienenhotel auf, damit die Bienen an warmen Sommertagen trinken können.

Eine Hängematte ist extrem umweltfreundlich.

69
Verschenk grünere Blumen

DIE SCHLECHTE NACHRICHT IST, dass alle importierten Rosen stark gespritzt sind und Rückstände von Pestiziden enthalten, wenn sie in den Handel kommen. Wegen des Mangels an ökologischen Varianten kannst du fair gehandelte kaufen.

Die gute Nachricht ist, dass Tulpen nicht gespritzt werden müssen – aber wenn die Tulpenzwiebeln herausgeholt werden, setzt man chemische Bekämpfungsmittel ein.

Mach es dir zur Gewohnheit zu fragen, wo und wie die Blumen gezüchtet wurden. Wenn du keine zufriedenstellende Antwort erhältst, musst du vielleicht überlegen, das Geschäft zu wechseln.

Tulpen sind vermutlich die beste Wahl bei Schnittblumen, sowohl unter Umwelt- als auch Transportaspekten.

Auf jeden Fall beim Warten auf einen großen, schönen, selbstgepflückten Sommerstrauß.

Topfblumen sind auch schön.

Wie auch selbst gezogener Chili.

70

Bleib im Schatten

DER EINZIG VERNÜNFTIGE umweltfreundliche Tipp beim Sonnenschutz ist es, die Sonne zu meiden.

Mehr Schatten und weniger Sonnenmilch halten dich gesünder, gleichzeitig bleiben Meere und Seen von weiteren Umweltgiften verschont.

Wir brauchen Sonnenstrahlen, um das lebenswichtige Vitamin D bilden zu können, wenn wir uns jedoch zu viel Sonnenlicht aussetzen, riskieren wir, an Hautkrebs zu erkranken. Wenn man jedoch nach einem Sonnenschutzmittel sucht, dessen UV-Filter umweltfreundlich ist, wird man nicht leicht fündig.

Umweltschutzorganisationen warnen vor Sonnenschutzmitteln mit chemischen UV-Filtern und sind der Ansicht, dass sie krebserregend, allergen und eventuell auch für alles Leben in Meeren und Seen giftig sein können. Sie warnen auch vor Sonnenschutzmitteln mit physischem Schutz, also einem Partikelfilter, der UV-Strahlen reflektiert. Vor Kurzem wurde Zinkoxid als UV-Filter in der EU verboten – was nicht verwunderlich ist, weil es dieselbe Art Gift ist wie die heute verbotene Chemikalie, die früher als Bootsfarbe zur Verhinderung von Algenbewuchs verwendet wurde.

Auch vor Sonnenschutz mit Titanoxid muss gewarnt werden, vor allem, weil die Partikel so klein sind und sich im Körper ausbreiten. Tierversuche haben gezeigt, dass Nanopartikel aus Titanoxid, die eingeatmet wurden, zu Entzündungen und DNA-Schäden führten, die langfristig zur Entwicklung von Tumoren führen können. Diese Partikel landen natürlich auch im Wasser, wenn man eingecremt hineinspringt.

Daher lautet der Rat: Bleib lieber im Schatten, trage Kleidung, gern auch einen Hut. Dann minimierst du das Risiko, durch Sonne und Sonnenschutz zu erkranken.

Auch unter einem schützenden Baum erhältst du ausreichend Licht, damit dein Körper Vitamin D produzieren kann und du ein bisschen Farbe bekommst.

71

Pass dein Verhalten auf dem Wasser an die Umwelt an

BRAUCHT DEIN BOOT EINEN MOTOR? Dann berücksichtige, dass Elektrizität besser ist als Benzin und Diesel, Viertakter schonender sind als Zweitakter und neue Motoren mit Katalysatoren und Partikelfiltern besser sind als alte ohne Abgasreinigung.

Wenn möglich, betreibe den Motor mit einem Umwelttreibstoff wie Alkylatbenzin, Biodiesel oder E85.

Lade den Akku des Bootes mit Strom aus nachhaltigen Energiequellen.

Entsorge alle Sanitärabfälle auf dem Land.

Segeln ist in jedem Fall viel besser für Umwelt und Klima. Außerdem kann man Segelboote mieten, wenn man die Idee der Teilungswirtschaft unterstützt.

Wer in ein anderes Land segelt, ist der Einzige, der dort mit vollständig reinem Umweltgewissen ankommt. Allein mithilfe des Windes gelangt der Segler in einen fremden Hafen.

Das hat etwas Magisches.

72

Streiche verantwortungsvoll

BERÜCKSICHTIGE EIN PAAR Empfehlungen, wenn du Dinge anstreichst, damit du die Umwelt nicht zerstörst, während du es dir selbst schöner machst.

Die erste Faustregel lautet, Farben mit Lösungsmitteln (Lacköl, Verdünner, Terpentin, Xylol, Toluol) zu vermeiden, die alle zur Bildung des umweltzerstörenden bodennahen Ozons beitragen. Ozon möchten wir gern hoch oben im Himmel als Schutz vor ultravioletter Strahlung haben, aber nicht in Bodennähe, wo es die Fotosynthese behindert, dem Wasserhaushalt von Pflanzen schadet und bei Mensch und Tier Atemwegsprobleme verursacht.

Die zweite Faustregel lautet, eine umweltfreundlichere Farbe zu wählen.

Kalkfarbe kann innen und außen auf verputzten Flächen, Zement, Kacheln, Backstein und unbearbeitetem Holz verwendet werden.

Schlammfarben wie das Falun- oder Schwedenrot verleihen unbehandeltem, am besten ungehobeltem Holz einen guten Schutz.

Den Anstrich mit Schlammfarbe erledigst du am besten im Frühling oder Frühsommer, weil Schlammfarbe einen begrenzten Schimmelschutz hat. Wenn dein Gebäude jedoch der Witterung stark ausgesetzt ist, nimm lieber roten Nadelholzteer.

Leinölfarben können im Haus und im Freien verwendet werden, wenn die Fassade zuvor mit einer solchen Farbe gestrichen wurde.

Naturfarben können als Lasur für unbehandelte Holzflächen an Möbeln und Wänden benutzt werden.

Wasserbasierte Kunststoff- oder Latexfarbe ist besser für die Umwelt als lösungsmittelbasierte. Sie enthält jedoch Konservierungsmittel, die für Wasserorganismen giftig sein und Allergien hervorrufen können.

Was immer du auch anstreichst, alle ausgedienten Eimer und Pinsel gehören auf den Recyclinghof.

73

Das Fell
gerben lassen

UM TIERHAUT UND LEDER zu gerben, damit sie geschmeidig werden, gibt es im Großen und Ganzen zwei verschiedene Methoden. Einerseits mit dem Schwermetall Chrom, das unter bestimmten Bedingungen zum Umweltgift wird, das Allergien und Krebs verursachen kann. Im anderen Fall einfach mit Pflanzen.

Frag nach pflanzengegerbtem Leder, wenn du Schuhe, eine Ledertasche, ein Hundehalsband oder Geschirr für das Pferd kaufst.

74

Iss Fisch

ZU DEN RICHTIGEN BEDINGUNGEN ist Fisch nachhaltige, grundsätzlich gute und gesunde Nahrung. Er enthält viele notwendige Nährstoffe wie Vitamin D, Jod, Selen und die Omega-3-Fettsäure DHA.

Außerdem ist Fischfang in kleinem Maßstab an unseren Küsten etwas, das wir auch für künftige Zeiten erhalten wollen.

Deshalb ist es unsinnig, dass ein Land wie Schweden, das von so viel Meer umgeben ist und ca. 100.000 Seen hat, rund 80 Prozent des Fisches, der verzehrt wird, importiert.

Überleg also gut, welchen Fisch du auf dem Teller servierst.

Fetter Ostseefisch wie Lachs, Meerforelle und Ostseehering enthält große Mengen an Dioxin und PCB (polychlorierte Biphenyle). Deshalb solltest du sie nicht häufiger als einmal in der Woche essen. Kindern und Frauen im gebärfähigen Alter wird empfohlen, fetten Ostseefisch nur zwei- bis dreimal im Jahr zu verzehren.

Zu hohe Dioxin- und PCB-Gehalte können die Entwicklung von Gehirn und Nervensystem beeinflussen und Verhaltensstörungen verursachen. Die Stoffe stehen auch unter Verdacht, die Immunabwehr, die Fruchtbarkeit und das Hormonsystem zu beeinflussen und Krebs zu erregen. Deshalb ist es verboten, diesen Typ Fisch in die EU zu exportieren. Wenn du den EU-Richtlinien mehr vertraust als den schwedischen Ausnahmen, solltest du natürlich überhaupt keinen fetten Ostseefisch verzehren.

Kauf auch keinen vom Aussterben bedrohten Fisch von der sogenannten Roten Liste. Nimm Fisch mit Umweltsiegeln wie MSC (Marine Stewardship Council), ASC (Aquaculture Stewardship Council) oder KRAV. Das erhöht die Chance, dass der Fisch aus nachhaltigem Bestand stammt, mit nachhaltigen Methoden und ohne Beifang gefischt wurde, bei dem sämtlicher Fisch, der gefangen wird, verarbeitet und nicht teilweise tot zurück ins Meer geworfen wird.

Eine Faustregel lautet, kleine Fische wie Sardellen oder Sardinen zu bevorzugen, da in der Natur ca. 5 Kilo kleine Fische für 1 Kilo Raubfisch vonnöten sind. Es kommt mit anderen Worten zu einem Energieverlust bei jedem Schritt aufwärts in der Nahrungskette: Für 1 Kilo Lachs hättest du 5 Kilo Sardinen essen können.

75

Vergleiche chemische Reinigungen

SIE SIND MEIST DAS, WONACH es klingt: Reinigung mit Chemikalien, die zu Hause nicht angewendet werden dürfen.

Auch wenn seit den Anfängen der chemischen Reinigung Ende des 19. Jahrhunderts, als die Waschflüssigkeit Leichtbenzin war, viel geschehen ist, befindet sich die komplette Branche nicht einmal in der Nähe eines Umweltzertifikats.

Chemische Reinigung erfolgt heute mit verschiedenen Methoden. Am schlimmsten ist die Wäsche mit Perchlorethylen, einem Stoff, der für die Ozonschicht schädlich und kanzerogen ist. Besser sind die chemischen Reinigungen, die Methoden mit Kohlenwasserstoff anwenden, sogenanntes Wetclean oder System K4.

Ansonsten ist eine Branche mit dem nachhaltigen Zweck, unsere Kleider zu pflegen und deren Lebensdauer so zu verlängern, natürlich positiv.

76

Grab nach grünem Gold

VERGOLDE DEIN DASEIN mit recyceltem Metall.

Gründe gibt es viele. Goldgruben verbrauchen viel Energie, greifen massiv in die Natur ein und verursachen nicht selten Probleme für Umwelt und Grubenarbeiter.

Und du musst keine Sorge haben, dass das Gold aus deinem Verlobungsring ausgebrochenes Zahngold von jemand anderem ist. Bevor recyceltes Gold zu neuem Schmuck verarbeitet wird, durchläuft es eine Reinigung (Affinierung).

Heute stammt Recyclinggold auch aus Elektroschrott.

Wiedergewonnenes Gold gibt es bei vielen Goldschmieden – man muss nur danach fragen.

77

Plastik gehört nicht in die Natur

PLASTIKMÜLL IM MEER bewirkt, dass Vögel, Meereslebewesen und andere Arten ersticken, wenn Gegenstände als Futter missverstanden werden, oder ertrinken, wenn sie sich in größeren Gegenständen wie Tüten oder alten Fischernetzen verfangen.

Plastik ist außerdem immer mit einem gewissen Risiko für die Verbreitung gefährlicher Chemikalien behaftet. Insbesondere PVC-Plastik enthält häufig Weichmacher, Phthalate, die mit Krebs in Verbindung gebracht werden, es kann Hormonstörungen verursachen und Leber sowie Fruchtbarkeit bei Tier und Mensch beeinflussen.

Entsorgte Plastikprodukte landen nicht selten schließlich auf dem Recyclinghof und über 80 Prozent werden in einem Kraftwerk verbrannt. Bei der Verbrennung von PVC werden gefährliche Chemikalien freigesetzt, Salzsäure und Dioxine. Also das Dioxin, das fetten Ostseefisch giftig macht.

PVC-Produkte sind mit einer Drei in einem Dreieck gekennzeichnet und sind überall, von Lebensmittelverpackungen bis zu Spielsachen und Böden, enthalten.

Such nach Plastik, das als „PVC-frei", „phthalatfrei" oder „BPA-frei" gekennzeichnet ist. BPA steht für Bisphenol A, eine Chemikalie, die im Verdacht steht, die Fruchtbarkeit von Mensch und Tier herabzusetzen. Bisphenol A ist in Babygläschen und -flaschen mittlerweile verboten. Einige Produzenten haben Konservendosen ohne Bisphenol A auf den Markt gebracht. Unterstütze sie!

Aber schau noch lieber nach Produkten aus anderen Materialien, weil das meiste Plastik immer noch aus Rohöl oder Naturgas hergestellt wird.

Es gibt Spülbürsten aus Buchenholz und Rosshaar.

Und Bratpfannen ohne Kunststoffbeschichtung – alte Bratpfannen und Töpfe aus Gusseisen sind echte Flohmarktschätze (mit grobem Salz, Ofenschwärze und Speiseöl werden sie wie neu).

Es gibt Seile aus spanischem Rohr, Hanf und Sisal von Agaven.

Und Schuhe ohne ein einziges Stück Plastik: Leder, Kork und Latex (Naturgummi vom Gummibaum).

Kisten können aus Pappe, Stoff oder Zuckerrohr hergestellt werden.

78

Reduziere Mikroplastik

DAS PROBLEM MIT PLASTIK in unserem Wasser besteht nicht nur in Tüten und Verpackungen, die wir umherschwimmen sehen, sondern auch in dem, was wir nicht sehen: Mikroplastik.

Viele von uns haben durch einen Bericht über Fleecepullover das erste Mal von Mikroplastik gehört. Es zeigte sich, dass ein Fleecepullover bei jedem Waschgang Mikroplastik freisetzt, so winzig, dass es meist mit bloßem Auge nicht erkennbar ist, und dass dieses direkt durch die Filter der Klärwerke gespült wird, ohne aufgefangen zu werden, und weiter in Flüsse, Seen bis ins Meer.

Mikroplastik kann nicht nur selbst Umweltgifte enthalten, sondern besitzt auch die Eigenschaft, Chemikalien anzuziehen. Das kleine, umweltschädliche Mikroplastik wird von Plankton aufgenommen, um dann in der Nahrungskette weiter aufzusteigen. Das kann damit enden, dass du über den Fisch auf deinem Teller schließlich deinen eigenen Fleecepullover plus Giftstoffe verzehrst.

Dann kam der Bericht, dass auch bestimmte Duschgels, Peelings und Zahncremes Mikroplastik enthalten. Das ist heute verboten. Wenn in deinem Bad noch eine Flasche oder Tube steht (bei den Inhaltsstoffen steht „PE" oder „Polyethylen"), gib sie zum Plastikrecycling. Natürliche Alternativen für die Hautpflege sind zum Beispiel Wachskugeln oder Kiwikerne.

Bericht Nummer drei war eine Zusammenstellung der schwedischen Naturschutzbehörde über die Herkunft des meisten Mikroplastiks.

Abrieb von Autoreifen war die größte Quelle für Mikroplastik in unserer Natur.

Die zweitgrößte Quelle sind laut Naturschutzbehörde Kunstrasenplätze. Ironischerweise ist es so, dass das Granulat, auf dem die Spieler herumlaufen, aus alten Autoreifen hergestellt wird. Reifen, die wir gutgläubig als Risikoabfall beim Recyclinghof abliefern, werden also zerkleinert, um wieder verteilt zu werden. Unsere Kunstrasenplätze werden jährlich mit 3 Tonnen neuem Granulat aufgefüllt.

Platz drei der Emissionsliste belegt die industrielle Produktion.

Entscheide dich also für Kleidung aus Naturfasern, fahr weniger Auto, fordere von deiner Gemeinde, dass nach Ersatz für das Plastikgranulat auf Kunstrasenplätzen gesucht wird, und such laufend nach Produkten aus Naturmaterial, die solche aus Plastik ersetzen können.

Und wirf natürlich nichts weg, ohne es zu recyceln.

79

Verweigere Plastiktüten!

FORSCHER DER UNIVERSITÄT UMEÅ wiesen kürzlich nach, dass die Emissionen bei der Herstellung einer Papiertüte um 50 Prozent höher ist als bei der Herstellung einer Plastiktüte. Das beruht einfach auf schlechterer Energie.

Der Vorteil einer Papiertüte besteht jedoch weiterhin darin, dass sie im Gegensatz zur Plastiktüte biologisch abbaubar ist, wenn sie in der Natur landet. Bevorzuge daher immer Papiertüten.

Aber unabhängig vom Material werden nur wenige Tüten in die Natur geworfen. Wir tragen sie nach Hause und dann landen sie abhängig vom Material im Abfall oder beim Papier-Recycling. Weil wir ein solches System haben. Wenige von uns werfen Plastiktüten ins Meer.

Plastiktütenkampagnen scheinen eher aus Ländern mit schlechteren Abfallsystemen importiert, wo dies ein größeres Problem ist.

Außerdem gibt es Beutel und Tüten, die abgebaut werden, ohne zu Mikroplastik zu werden, da sie beispielsweise aus Stärke, Zellulose oder pflanzlichen Ölen hergestellt sind. Ob du sie zum Kompost geben kannst, hängt davon ab, wie hitze- und wasserbeständig die Fasern der Tüten sind. Einerseits möchtest du ja mit deiner Biotüte voller feuchter Waren nach Hause kommen, bevor sie sich auflöst, andererseits möchtest du Reste dieser Tüte nicht im frisch verrotteten Kompost entdecken. Dieses Gleichgewicht muss der Hersteller einhalten.

Berücksichtige auch, dass der Umwelteinfluss einer Baumwolltasche so hoch ist, dass sie etwa 400-mal verwendet werden muss, um das Niveau einer Zuckerrohr-Plastiktüte zu erreichen, gleichzeitig aber verschleißbeständig und abbaubar ist. Nimm immer Stoffbeutel in der Tasche mit, damit du Spontaneinkäufe auf dem Heimweg erledigen kannst.

Langfristig schont eine Stofftasche Klima und Umwelt, aber solange wir das System für Abfall, Papier-Recycling und Kompost haben, bleibt der Bedarf an Papiertüten oder Beuteln und Tüten aus Biomaterialien bestehen. Benutze Sie also, aber in Maßen.

80

Schütze deine Kinder

WEIL KINDER eben Kinder sind, also nicht fertig entwickelt, ist es besonders wichtig, sie vor gefährlichen Chemikalien zu schützen, vor allem vor den endokrinen, die für die Entwicklung eines Kindes in vielerlei Hinsicht schädlich sein können.

Ein paar Tipps, nach denen man sich richten kann:

Vermeide Parfüm und Farbstoffe.

Nimm Babyöl statt Seife.

Verzichte auf Feuchttücher, wenn sie Konservierungsstoffe enthalten. Waschbare Waschlappen tragen außerdem nicht zum Müllberg bei.

Ökologische Entscheidungen minimieren das Risiko für unerwünschte Chemikalien.

Gewöhne dir an, Speisen nicht in Plastikbehältern aufzuwärmen, sondern nimm Keramik oder Glas.

Kauf Holzspielzeug statt Plastikware. Alle Spielsachen sollten die CE-Kennzeichnung tragen, die das Risiko reduziert, dass es sich um schlechte Importware unseriöser Hersteller handelt.

Und ja, Stoffwindeln (Wolle, Baumwolle, Bambus) sind für Umwelt und Kind immer noch die beste Wahl. Auch für dein Portemonnaie – du sparst leicht 800 Euro (und später noch mehr bei den Geschwistern des Babys).

Versuche, eine verständliche Liste über Chemikalien zu beschaffen, mit denen dein Kind nicht in Berührung kommen sollte. Tipps dazu gibt es unter anderem beim Umweltbundesamt (www.umweltbundesamt.de).

MACH DAS BESTE AUS DEINEM DASEIN

Triff kluge Entscheidungen und fördere den guten Lebensstil

Das Schöne beim Retten der Welt ist, dass wir gleichzeitig unser eigenes Leben aufwerten – nicht opfern. Ein nachhaltiger, klimasmarter Lebensstil führt dazu, dass wir besser essen, uns mehr bewegen, glücklicher und weniger gestresst sind, gesünder werden, uns mit weniger schädlichen Dingen umgeben und dazu beitragen, dass die Natur für Pflanzen Tiere und auch für uns selbst immer förderlicher wird. Alles, was man eigentlich braucht, ist etwas Wissen und ein bisschen Tatkraft.

81

Plane die Zukunft

DAS KANN NIE VERKEHRT SEIN. Auch wenn es in Schweden über 88 Milliarden Bäume gibt, können ein paar mehr von hohem Nutzen sein.

Am richtigen Ort können mehr Bäume verunreinigte Böden reinigen, die Emission von Düngestoffen in unsere Seen und ins Meer reduzieren, das Überschwemmungsrisiko eindämmen, das Risiko für Bodenerosion reduzieren, die biologische Vielfalt erhöhen und Lärm dämmen. Außerdem absorbiert jeder wachsende Baum Kohlendioxid. Etwa zwei Drittel des schwedischen Bodens sind mit Wald bedeckt. Dagegen absorbiert die festlandeuropäische Vegetation nur 10 Prozent des Kohlendioxids, das wir Europäer freisetzen. Die Europäer haben also eine „Baumschuld" gegenüber der restlichen Welt. Daran sollte man sich erinnern, wenn wir Abholzungen in anderen Ländern kritisieren – den europäischen Wald haben wir längst im Laufe der Industrialisierung abgeholzt.

Wenn du anderenorts einen Baum pflanzt, kannst du ein Stück Regenwald retten, die Ausbreitung einer Wüste verhindern und Erosion durch tiefe Wurzelsysteme vorbeugen. Außerdem produziert ein Baum ausreichend Sauerstoff für eine Kleinfamilie.

Bäume, gleich, wie sie aussehen, können auch die besten Symbole für verschiedene Klima- und Umweltfragen sein, wie zum Beispiel für die biologische Vielfalt. Eine einzige alte Eiche bietet nicht nur Eichenbock, Stoppeligem Drüsling, Eichenspinner, Eichfeuerschwamm, Eichhörnchen, Hirschkäfer und Eichenwickler ein Refugium, sondern auch dem Eremiten, dem Gemeinen Schwefelporling, dem Gemeinen Klapperschwamm, dem Eichelhäher, dem Frostspanner, dem Waldkauz, Calicium adspersum, dem vierpunktigen Aaskäfer und weiteren rund 1.984 Pflanzen- und Tierarten. Ein Viertel ist komplett von der Eiche abhängig. Ohne Eichen sterben sie aus. So ist das mit der biologischen Vielfalt. Wir wissen, dass alles miteinander zusammenhängt. Aber nicht genau, wie. Deshalb müssen wir behutsam vorgehen. Daran erinnert uns jeder Baum und jeder Wald: In bestimmten tropischen Regionen gibt es über 100 verschiedene Baumarten pro Hektar Wald.

Einen Baum zu pflanzen ist eine selbstlose Sache. Du machst etwas, das zum größten Teil kommenden Generationen zugutekommt. Einen Baum zu pflanzen, ist vielleicht das Beste, was du für jene leisten kannst, die nach uns kommen.

Die Geschichte der Bäume ist fast 400 Millionen Jahre alt. Bäume zu pflanzen bedeutet, dem Ursprung des Lebens demütig gegenüberzustehen.

82

Sag ja zur biologischen Vielfalt

ERKENNE, DASS ALLES zusammenhängt, erkenne, dass alles zusammenhängen muss, und sei demütig, weil du nie begreifen wirst, wie alles zusammenhängt.

Während das niedergeschrieben wird, stehen in Schweden laut Artendatenbank 4.762 Arten auf der Roten Liste, also Tiere und Pflanzen, die vom Aussterben bedroht sind. Deshalb schläft kaum jemand schlecht. Vielleicht beruht unsere Arroganz darauf, dass die Arten auf der Roten Liste uns selten berühren: Acetropis gimmerthalii (nie gehört), Karbol-Champignon (nie gegessen), Stumpfliches Knospenmoos (nie gesehen), Langhornmücke Keroplatus tipuloides (sticht die?), Kugelspinne (freut mich, wenn es weniger Spinnen gibt – tut mir leid).

Unsere Pelztiere und ihre niedlichen Jungen wie Bären, Elche, Rehe, Luchse und Wölfe brächten uns vielleicht zu einer Reaktion und zu Demonstrationen, wären sie bedroht. Aber ihnen geht es gut. So gut, dass es möglicherweise nötig ist, sie zu jagen, damit sie weniger werden. Diese charismatischen Arten werden oft als übergeordnet eingesetzt, um andere Arten zu erhalten: Wir spenden eher für Wohlfahrtsorganisationen oder akzeptieren eher, dass Naturgebiete für solche Arten bestimmt sind, die andere wichtige, aber vielleicht weniger charismatische begünstigen. Ein Beispiel ist das Panda-Symbol des WWF. Der Panda an sich spielt in der Natur keine besonders wichtige Rolle, seine Erhaltung hilft jedoch bei der Bewahrung anderer Arten.

Denn alles hängt zusammen. Jede zunächst offenbar unbedeutende Art nimmt ihre Funktion und Rolle in der großen Einheit ein, die wir Natur nennen. Verschwindet eine Art, und wenn es nur das Stumpfliche Knospenmoos ist, gerät das Ganze aus den Fugen. Nicht komplett, aber es verschiebt sich. Bestimmte Arten werden wegen ihrer vitalen Rolle im Ökosystem, dessen Teil sie sind, als „keystone species" (Schlüsselarten) bezeichnet. Seeotter sind so ein Beispiel: Sie fressen Seeigel, die sonst die Tangwälder auffräßen, die ihrerseits Heimat für viele Arten sind. Ohne die Otter würde die Seeigelpopulation explodieren, sie würden den Tang attackieren und viele Arten würden ihr Zuhause verlieren. Genauso sind bestimmte Arten „Ökosystemingenieure", zum Beispiel der Biber, der Dämme baut und Strukturen schafft, die andere Arten fördern. Schlüsselarten und Ökosystemingenieure sind ausschlaggebend für das Gleichgewicht in der Natur, aber man spricht übergeordnet von „Redundanz", also davon, wie viele Arten in einem Ökosystem dieselbe Funktion erfüllen. Ist die Redundanz hoch, können wir es uns „leisten", einige Arten zu verlieren, ohne dass das Ökosystem kollabiert, ist

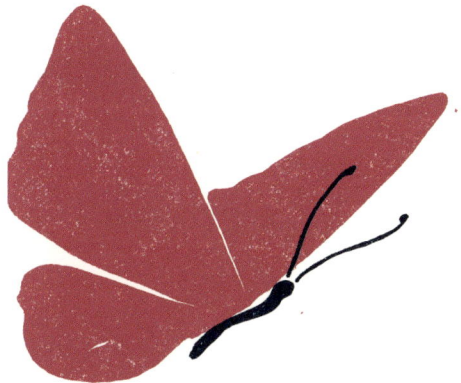

die Redundanz jedoch gleich null, wird der Verlust der einzigen Art katastrophal für das Ökosystem. Wir wissen immer noch sehr wenig über Redundanz in verschiedenen Ökosystemen.

Deshalb müssen wir das Vorsichtsprinzip anwenden und uns für das Überleben aller Arten einsetzen. Nicht nur, weil wir nicht genau wissen, welche Rolle sie spielen, sondern auch, weil wir keine Ahnung haben, was passiert, wenn eine Art verschwindet.

Blicken wir zurück auf die alarmierenden Berichte zum Bienensterben. Das war leichter zu begreifen. Wir kennen den Nutzen von Bienen und anderen bestäubenden Insekten. Wird ein Apfelbaum nicht bestäubt, gibt es keine Äpfel. Ohne bestäubende Insekten kein Raps, kein Senf, keine Tomaten, keine Gurken, keine Erdbeeren und kein Salat (Blaubeeren werden meist von Mücken bestäubt).

Der Grund für den Rückgang der Bienenanzahl soll von drei zusammenwirkenden Faktoren abhängen: Erkrankungen, Pestiziden und Monokulturen. Riesige Rapsfelder bieten Bienen sicherlich viel Nahrung, aber nur für einige Wochen des Jahres.

Du kannst Kleinbauern unterstützen, die sich aktiv für die biologische Vielfalt engagieren. Unterstütze Waldbesitzer, die freiwillig Waldbereiche sperren, in denen überhaupt keine Verarbeitung stattfindet. Entscheide dich im Geschäft für ökologische Produkte, weil sie mit weniger schädlichen Pestiziden produziert werden. Werde Bienenhotelier. Bau ein Bienenhotel oder werde Imker. Stell Wasserschalen auf, aus denen die Bienen an heißen Sommertagen trinken können. Spritz kein Gift im Garten und in Beeten.

Du kannst dich auch für die Artendatenbank engagieren, die größtenteils auf den Informationen Ehrenamtlicher zur Existenz der verschiedenen Arten basiert.

83
- - - - -
Grünes Geld

ES WIRD IMMER üblicher, dass nachhaltige Entscheidungen wirtschaftlich gefördert werden.

Zur Anregung der Energieeffizienz hat eine schwedische Großbank zum Beispiel einen grünen Hypothekenrabatt eingeführt. Entspricht ein Haus Energieklasse A oder B, sind die Hypothekenzinsen niedriger.

Wir haben heute alle auch Wertpapiere. Pensionsfonds gehören zu den größten Akteuren auf dem Finanzmarkt (Fondsgesellschaften 16 Prozent und AP-Fonds 8 Prozent in Schweden 2015). Wenn du nachhaltig leben möchtest, solltest du deine Anteile an Prämienpensionsfonds überprüfen – damit deine Pensionsgelder in dieselbe Richtung arbeiten.

Aber das ist nicht immer ganz einfach. Vor allem, weil bei vielen Fonds Ausnahmen bestehen. Ein ethischer Fonds kann 1 Prozent Anteile an der Waffenindustrie umfassen, ein grüner Fonds kann in Kauf nehmen, dass 5 Prozent Anteile in der Tabakindustrie in Ordnung gehen und ein anderer ethischer Fonds hat kein Problem damit, dass die Anleihen zu 30 Prozent aus Aktien der Kohleindustrie bestehen.

Drei Methoden, die bei der Auswahl von Fonds helfen:
→ Achte auf Fonds mit Umweltsiegeln.
→ Zieh das Forum Nachhaltige Geldanlagen, FNG, zurate.
→ Lies Testergebnisse zur nachhaltigen Altersvorsorge im Internet.

Grünes Geld ist im Allgemeinen ein Trend. Es gibt grüne Obligationen, derzeit jedoch nicht für Privatpersonen, und es ist die Rede von grünen Bankkonten, bei denen die Zinsen nicht höher sind als bei normalen Konten, jedoch garantiert wird, dass Gespartes nicht für Zwecke verliehen wird, die nicht nachhaltig sind.

Es gibt eine Website (fairfinanceguide.de), die zeigt, wie sehr deine Bank Umwelt, Menschenrechte und andere Nachhaltigkeitsfragen berücksichtigt.

84

Bau auf Holz

DIE VORTEILE SIND vielfältig und wichtig.

Holz ist billig, haltbar, schön, formbar, tatsächlich ziemlich brandsicher und langlebig – die norwegische Stabkirche in Heddal ist auf das Jahr 1250 datiert, lange bevor die Druckimprägnierung erfunden wurde, was vieles über die Beständigkeit von Holz sagt.

Aber sei nicht geizig. Holz guter Qualität hält länger, Holzwaren mit Umweltsiegel stammen aus schonend angebautem Wald und umweltfreundliche Isolierung muss beim Austausch nicht in den Sondermüll.

Beinah das Wichtigste aus Umwelt- und Klimaperspektive ist jedoch, dass für den Bau eines Holzhauses verhältnismäßig wenig Energie erforderlich ist. Zudem fungiert es als Kohlenstoffspeicher, da es Kohlenstoff bindet, solange es steht. Das Gegenteil zur Zementfabrik, die enorme Mengen Treibhausgase erzeugt. Allein die in Slite bei Göteborg setzt jährlich 1.700.000 Tonnen Kohlendioxid frei, das entspricht 200.000 Fernflügen.

Nachdem Schweden 1994 Mitglied der EU geworden war, musste es die Vorschrift aus dem Jahr 1874 abschaffen, die den Bau von Holzhäusern höher als zwei Stockwerke verbot. Also kann man einfach losbauen. In Japan wird ein 350 Meter hohes Haus gebaut, das zu 90 Prozent aus Holz besteht. Sollte uns das nicht anspornen?

85

Spar Wasser

VOR ALLEM, WEIL Wasser Energie verbraucht, wenn es aufbereitet, gepumpt und erhitzt wird. Aber auch, weil heute Zeiträume mit Wassermangel auch in Teilen Schwedens nicht ungewöhnlich sind, die früher nicht betroffen waren.

Lass den Hahn nicht einfach laufen. Dusch (und das am besten kurz) statt zu baden, das verbraucht nur ein Zehntel so viel Wasser. Installiere eine Sparspülung in der Toilette und einen wassersparenden Duschkopf. Kratz die Teller ab, statt sie vorzuspülen, bevor du sie in die Spülmaschine räumst – die an die Kaltwasserleitung angeschlossen sein sollte. Repariere tropfende Wasserhähne. Sammle Regenwasser zum Gießen der Beete. Sei im Garten bei Pflanzen zurückhaltend, die viel Wasser benötigen. Leg statt wasserbedürftiger Rasenflächen Wiesen an, die außerdem die biologische Vielfalt fördern. Vermeide Bewässerung mit Sprinklern. Schlaf mindestens zwei Nächte über die Idee, eine Grube für einen Pool auszuheben.

86

Stelle Erde her

WENN DU AN einem Ort ohne zentrale Einsammlung von Biomüll wohnst, kannst du selbst einen Kompost anlegen.

Die Alternative, Reste von Lebensmitteln mit dem normalen, nicht sortierten Abfall verschwinden zu lassen, ist auf mehreren Ebenen Verschwendung. Zum einen reduziert man den Hausmüll einer Familie um die Hälfte, was Geld spart, zum anderen produziert dein Kompost wunderbare Erde für alle Topfpflanzen, was auch Geld spart.

Wenn du befürchtest, dass ein Kompost Schädlinge anziehen könnte, musst du ihn frei von Fisch- und Fleischresten halten.

87

Merk dir Zertifizierungen

ORIENTIERE DICH an den etablierten Umweltsiegeln, wenn du klügere Entscheidungen treffen möchtest. Die Organisationen hinter diesen Siegeln beurteilen den gesamten Lebenszyklus eines Produkts, die Anforderungen werden sukzessive verschärft.

Trau daher keiner Marke, nur weil sie sich selbst als „grün" oder „natürlich" bezeichnet. Auch muss der Inhalt nicht zwangsläufig umweltfreundlich sein, nur weil die Verpackung recycelbar ist.

Es gibt folgende Umweltsiegel:

TCO-SIEGEL – schwedisches Umweltsiegel für Rechner und sonstige Elektronik.

MSC – Marine Stewardship Council, kennzeichnet Fisch und Schalentiere, die aus nachhaltigem Fischfang stammen und somit nicht zur Umweltzerstörung oder Überfischung beitragen.

ASC – Aquaculture Stewardship Council, internationales Nachhaltigkeitssiegel für gezüchtete Fisch- oder Schalentierprodukte. Wurde in der Vergangenheit vom schwedischen Naturschutzbund (Naturskyddsföreningen) kritisiert, da man der Ansicht war, dass tropische Krabben die Richtlinien nicht einhielten.

FSC – Forest Stewardship Council, ein unabhängiges Zertifizierungssystem für Holz. Das Siegel findet sich auf Baumaterial, Möbeln, Papier und Drucksachen. Das FSC wurde von schwedischen Umweltorganisationen kritisiert, ist aber dennoch die Kennzeichnung mit den höchsten Anforderungen.

GOTS – Global Organic Textile Standard, eine internationale Umweltkennzeichnung für Textilien. Umfasst den kompletten Lebenszyklus vom Rohstoff bis zur fertigen Kleidung, bewertet aber auch die Arbeitsbedingungen in der Kette.

EU-BLUME – EU-weites Umweltsiegel. Zertifiziert Produkte in 29 verschiedenen Kategorien wie Hygieneartikel, Gartenprodukte, Bekleidung, Möbel, Baumaterialien, Papierprodukte, Haushaltselektronik und Tourismusanlagen.

EU-STERNENBLATT – EU-Biosiegel mit strengen Regeln für chemische Bekämpfungsmittel, Verbot von Kunstdünger und genmodifizierten Organismen. Tiere müssen ständigen Zugang zu Außenflächen und Liegeplätzen haben, sie dürfen nicht vorbeugend mit Arzneimitteln und Antibiotika behandelt werden.

RAINFOREST ALLIANCE – ideelle Organisation zur Kennzeichnung nachhaltig hergestellter Produkte (Landwirtschaft, Forstwirtschaft, Tourismus). Häufig auf Schokolade und Kakao. Stand wegen des zu übergreifenden Charakters, von Tourismus bis zur Patenschaft für Regenwälder, und wegen zu geringer Anforderungen in der Kritik. Derzeit steht ein Zusammenschluss mit dem UTZ-Siegel bevor.

FAIRTRADE – engagiert sich für die Verbesserung der Arbeits- und Lebensbedingungen der Anbauer und Angestellten in ärmeren Ländern.

UTZ CERTIFIED – ähnlich wie Fairtrade. Derzeit vor dem Zusammenschluss mit der Rainforest Alliance.

EU-ENERGIEVERBRAUCHS-KENNZEICHNUNG – gibt den Energieverbrauch eines Produkts an, dabei ist A+++ die beste und G die schlechteste Einstufung.

OEKO-TEX – Siegel für Textilien und Bekleidung, die einen Labortest auf schädliche Stoffe durchlaufen haben.

RSPO – Roundtable on Sustainable Palm Oil. Nachhaltigkeitszertifizierung für Palmöl. Die Organisation besteht aus verschiedenen Akteuren von Umweltorganisationen bis zu Palmölproduzenten.

CO_2 COMPENSATED – ein Siegel, das anzeigt, dass der Produzent das von der Ware erzeugte Kohlendioxid kompensiert hat. Hat die Ware x Kilo Kohlendioxid bei Produktion und Transport generiert, hat das Unternehmen entsprechend x Kilo Kohlendioxid aus der Atmosphäre „entfernt", indem Bäume gepflanzt, Solarzellen oder Windkraftanlagen installiert wurden. Somit muss der Kunde, so der Hintergedanke, nicht zwischen „hier" und „dort" erzeugt wählen.

88

Verdichte deine Stadt

DER TREND DER AUSBREITUNG der Städte mit eingeschossigen Shoppingcentern und Industrien ist nicht nachhaltig. Zum einen, weil guter Ackerboden bebaut wird, zum anderen, weil die Abhängigkeit vom Auto wächst, wenn der Umfang der Städte größer wird. Lebte die gesamte Weltbevölkerung in derselben Dichte wie in New York City, hätten wir alle Platz auf einer Fläche mit der Größe des Teilstaats Texas.

Die Bebauung von Lücken in den Städten ist daher wünschenswert.

Bauvorhaben werden von der Gemeinde ausgestellt und häufig auch online gestellt. Protestiere gegen schlechte Projekte, vergiss aber nicht, konstruktive Alternativen vorzuschlagen. Lass deine Stadt zum Vorbild dafür werden, wie man dicht und in die Höhe baut und wichtige Ackerflächen konsequent dem Anbau von Lebensmitteln und Biotreibstoff widmet.

Smarte Stadtplanung ist Teil eines solchen Projekts: Grünanlagen, Geschäfte, Schulen und Kommunikationseinrichtungen sollten sich in Laufnähe befinden. Ein smarter, grüner und umfassender öffentlicher Personennahverkehr ist ebenfalls wichtig, um die Nutzung des Autos in Stadtzentren zurückzudrängen.

89

Sei öko-chic

ERST SEITDEM WIR den Ökotrend ernsthaft begrüßen, ihn als erstrebenswert betrachten und nicht als Liste trister Vorschriften, die unser Leben zerstören, können echte Veränderungen erfolgen.

In bestimmten Winkeln der Welt, nicht zuletzt in Teilen der USA, aber auch in Europa, ist der Begriff „ökologisch" nicht länger nur mit Wohngemeinschaften und Ernährung aus Linsengrütze verknüpft. Es ist chic, öko zu sein, und deshalb heißen die Trends Eco-Resorts, Eco-Sports, Eco-Vacations, Eco-Pets, Eco-Houses, Eco-Design, Eco-Furniture, Eco-Yoga, Eco-Art, Eco-Weddings und natürlich, als großes Finale, Eco-Funerals (Auswahl zwischen dem Begräbnis im kompostierbaren Sarg aus Bananenblättern oder Umwandlung der Asche in ein künstliches Korallenriff). Ein Umweltheld zu sein wird heute zum Glück als bewundernswert und hip betrachtet. Dafür muss man auch nicht zwingend ein baumumarmender Hippie sein.

90

Gemütlichkeit am Feuer

HEIZEN MIT HOLZ ist einfach gemütlich und kann in manchem Fällen eine kosteneffiziente Art der Beheizung sein. Das bedeutet aber nicht, dass das Heizen mit Holz vom Umweltaspekt her unproblematisch ist und Vorschriften dazu überflüssig sind.

Hast du einen offenen Kamin? Den kannst du in Schweden ganz legal weiterbetreiben, weil das Zentralamt für Wohnungswesen neue, verschärfte Umweltregeln in Kraft gesetzt hat, die aber Emissionen schädlicher Rauchgase von Kaminen und Kachelöfen ausnehmen.

Wenn du aber bereit bist, den Gemütlichkeitsfaktor etwas zu verringern, kannst du deinen offenen Kamin mit einem Einsatz versehen. Du heizt nicht mehr den Schornstein, dein Haus wird wärmer und die Emissionen sinken drastisch.

Verbrenne nie druckimprägniertes, lackiertes oder verklebtes Holz, Spanplatten, Plastik, beschichtetes Papier oder Haushaltsabfall. Diese Materialien entwickeln Stoffe, die weder dir noch deinen Nachbarn noch der Feuerstelle guttun.

Für die beste Wirkung und den unschädlichsten Einfluss auf die Umwelt solltest du mit Schlagholz von Laubbäumen heizen. Dieses Holz sollte für ein halbes oder ganzes Jahr im Freien gelagert werden. Aber achte darauf, dass es nicht zu trocken wird. Bei einem Feuchtigkeitsgehalt unter 10 Prozent verbrennt Holz zu schnell und erzeugt weniger Wärme. Und ist es zu trocken, generiert es höhere Emissionen an Ruß und Kohlenwasserstoff. Ruß steigt in die Luft auf, wird in die Atmosphäre transportiert und gelangt mit dem Niederschlag in schnee- und eisbedeckte Gebiete. Die Dunkelfärbung zieht Sonnenenergie an und bewirkt das schnellere Abschmelzen von Flächen, die zur Reflexion des Sonnenlichtes dienen. Dieses Phänomen wurde unter anderem auf Grönland registriert.

Nimm kein Zeitungspapier und auch keine Zündflüssigkeit als Zündmittel. Besser sind Briketts oder feine Holzspäne.

Die verschärften Vorschriften der Baubehörde beziehen sich auf Neuanlagen. Das bedeutet, dass zum Beispiel dein neuer Kamin oder Holzherd die CE-Kennzeichnung tragen muss. Eine Genehmigung zur Installation antiker Stücke ist deshalb schwer zu erhalten.

91

Unterstütze die Bekämpfung der Armut

NUR WER ES SICH LEISTEN KANN, wer ein gewisses Maß an Wohlstand erreicht hat, kann umweltmäßig gute Entscheidungen treffen.

Arme Menschen können zum Beispiel eine Anstellung in einer umweltgefährdenden Fabrik oder den Job auf einer nicht ökologischen Plantage kaum ablehnen.

Fakt ist, dass du bereits durch deine Steuern Unterstützung leistest.

Mehr als die Hälfte der schwedischen Behörde für internationale Entwicklungszusammenarbeit (Sidas) engagiert sich heute für die Verbesserung von Klima und Umwelt als Hauptziel oder wichtiges Teilziel. Die Entwicklungshilfe geht unter anderem an Projekte mit den Themen Landmanagement, besserer Umgang mit Chemikalien, Entwicklung von Biokraftstoff, Zugang zu sauberem Wasser – etwas, das 1 Milliarde Menschen heute fehlt. Durch diese Arbeit wurde Sidas als weltweit führend in Bezug auf Umweltberücksichtigung und Entwicklungshilfe eingestuft.

Unterstütze die Bekämpfung der Armut, indem du für Organisationen spendest, die beim Deutschen Zentralinstitut für soziale Fragen zertifiziert sind (www.dzi.de).

Neben dem Beitrag zur Armutsbekämpfung kannst du deine Spende als eine effektivere Klimamaßnahme betrachten als alles, was du zu Hause unternehmen könntest: Ein gepflanzter Baum in Kenia wächst viel schneller als einer bei uns, ein neues Windkraftwerk in Bangladesch hat mehr Nutzen als hier und wenn du 500 Euro in die solarzellenbetriebene Beleuchtung eines südamerikanischen Dorfes investierst, das dann die Petroleumlampen ausrangieren kann, reduzierst du den Kohlendioxidausstoß um 15 Tonnen pro Jahr. Zum Vergleich: Wenn du vom Benzinauto auf ein Elektrofahrzeug umsteigst, sparst du rund 3 Tonnen im Jahr.

92

Nudging für die Umwelt

BRING DIR DEN TRICK mit den kleinen Anschubsern bei, um mit deiner Umwelt- und Klimaarbeit bessere Resultate zu erzielen.

Auch bevor Richard H. Thaler den Nobelpreis für Ökonomie für seine Theorie zum Nudging erhielt, wurde das Phänomen in Umweltkreisen gefördert – obwohl Nudging nicht ganz leicht zu erklären ist. Normalerweise beschreibt man es als „kleine Schubser in die richtige Richtung", um bei anderen eine Verhaltensänderung zu bewirken. Also das Gegenteil zu den bösen Schildern mit „Räum dein Zeug selbst auf, deine Mutter arbeitet nicht hier", die eher wie eine Ohrfeige wirken. Einige Beispiele:

Eine Hotelkette wechselte zu kleineren Tellern für das Frühstücksbuffet, wodurch die Lebensmittelverschwendung reduziert wurde, weil die Gäste jetzt dazu tendierten, aufzuessen.

Ein Energieunternehmen erreichte den Wechsel eines Großteils seiner Kunden zu grünem Strom, indem diese Alternative in einem Schreiben bereits angekreuzt war.

Ein Restaurant verkaufte erheblich mehr vegetarische Speisen, als diese oben auf der Karte erschienen.

Die wertschätzende Reaktion auf Ereignisse, die positiv wie „Pfannkuchenmontag" und nicht negativ als „fleischfreier Montag" bezeichnet werden.

Die Nutzung des Autos für die Fahrt zum Möbelhaus ging zurück, nachdem kostenlose Lastenfahrzeuge eingeführt wurden.

Dokumente werden häufiger zweiseitig ausgedruckt, wenn dies beim Drucker voreingestellt ist.

Der Verkauf umweltfreundlicher Fahrzeuge zog an, als alle großen Tankstellen in Schweden gezwungen wurden, eine Säule für Biotreibstoff zu haben.

Wir Menschen sind ein bisschen faul, wir sind Herdentiere und ziemlich unwillig, unser Verhalten zu ändern – hier kommt das Nudging ins Spiel.

Nudging erfüllt in unserer Gesellschaft eine wichtige Funktion, auch wenn Studien erwiesen haben, dass harte, wirtschaftliche Lenkungsmittel die größte Auswirkung auf unser Verhalten haben, zum Beispiel Besteuerung und/oder Subventionen. Mit anderen Worten: Nachhaltigkeit sollte die preiswerteste und zugänglichste Alternative sein, ob es um Lebens- oder Transportmittel geht.

93

Wende dich an einen Politiker

DU KANNST DIE Welt nicht alleine retten. Ein Politiker kann die Welt andererseits auch nicht ohne dich retten.

Es bedarf einer breiten Unterstützung aus der Bevölkerung, damit ein Politiker umwelt- und klimafreundliche Politik wagen kann, da es dabei nicht selten um die Einführung von einschränkenden, unpopulären Vorschriften und Verboten geht.

Hier kommt dein Beitrag ins Spiel – du kannst anrufen, soziale Medien nutzen oder einen altmodischen Brief schicken. Ein Brief oder eine E-Mail haben den Vorteil, dass sie registriert, veröffentlicht und daher von anderen gelesen werden können. Du denkst vielleicht, dass deine Stimme keinen großen Unterschied macht, aber stell dir vor, alle dächten umgekehrt: Da wäre plötzlich ein ganzes Volk aktiv für die Umwelt engagiert. Und das macht einen Unterschied.

Wende dich zum Retten der Welt gern an alle möglichen Politiker: vom Kommunalpolitiker, der Zustände, die die Qualität in der näheren Umgebung beeinflussen, sofort ändern kann, über den Landtagsabgeordneten, der sich über die Landesregierung zum Beispiel um Naturschutzgebiete oder den öffentlichen Verkehr kümmert, bis hin zum Bundestagsabgeordneten, der die Umweltgesetzgebung ändern und das Umweltministerium und seine zahllosen Behörden mit kundigen Personen besetzen kann. Vergiss nicht unsere EU-Parlamentarier, deren Arbeit für Fischereiquoten, Chemikaliengesetzgebung und Emissionsvorschriften für Autos, Boote und Flugzeuge entscheidend ist.

Diese Politiker wollen von dir hören, weil sie in deinem und im Auftrag aller Mitbürger arbeiten.

94
Mach es wie Schweden

DIE MEISTEN ENTSCHEIDUNGSTRÄGER sind klug. Sie haben über Jahre mitgedacht. Im Schwedischen Reichstag, im EU-Parlament, in jeder Behörde, in jedem Ministerium, in jedem Landtag und in jeder Gemeinde gibt es authentisch umwelt-interessierte Personen. Die Umweltgesetze und -vorschriften, die sie beschließen, fußen in den meisten Fällen auf langfristiger, seriöser Forschung. Sie wurden keinesfalls erlassen, um dich zu ärgern.

Informiere dich über die 17 globalen Ziele für nachhaltige Entwicklung der UN, die damit auch für Deutschland gelten (zum Beispiel unter www.un.org/sustainabledevelopment). Keine Armut – kein Hunger – Gesundheit und Wohlbefinden – gute Ausbildung für alle – Gleichberechtigung der Geschlechter – sauberes Wasser und Sanitäreinrichtungen – nachhaltige Energie für alle – vertretbare Arbeitsbedingungen und ökonomisches Wachstum – nachhaltige Industrie, Innovationen und Infrastruktur – weniger Ungleichheit – nachhaltige Städte und Gesellschaften – verantwortlicher Konsum und nachhaltige Produktion – Bekämpfung des Klimawandels – Lebensraum Meer und Meeresressourcen – Ökosystem und biologische Vielfalt – Frieden, Gerechtigkeit und starke Institutionen – globale Partnerschaften zum Erreichen dieser Ziele.

Neben der tröstlichen Einsicht, dass sehr viele in dieselbe Richtung agieren, können dir die verschiedenen Ziele helfen, die eigene Messlatte auf das richtige Niveau zu bringen. Du solltest nicht unter dem Druck stehen, besser sein zu müssen als Deutschland als Ganzes. Mach diese Ziele zu deinen eigenen.

95

‐ ‐ ‐ ‐ ‐

Schließ dich Gruppierungen an!

DEIN ENGAGEMENT FÜR KLIMA UND UMWELT kann effektiver sein, wenn du Gleichgesinnte suchst und, vielleicht noch wichtiger, Skeptiker überzeugst. Es ist leichter, die Welt in einer Gruppe zu retten.

Es gibt viele Organisationen, die sich hart und seriös für Umwelt- und Klimafragen engagieren, indem sie Druck auf Politiker ausüben, internationale Kooperationen gründen und zu wichtiger Forschung beitragen: Der Weltnaturfonds WWF, Naturschutzvereinigungen, Greenpeace, Deutsche Ornithologen-Gesellschaft, der BUND und der NABU mit der Naturschutzjugend sind nur einige. Fördere sie durch deine Mitgliedschaft und durch Teilen ihrer Aktivitäten in sozialen Medien. Baue Brücken zwischen diesen Organisationen, indem du dich in mehreren engagierst. Das macht die Bewegung einheitlicher und effektiver.

Statt Druck auf Politiker auszuüben, kannst du natürlich selbst in die Politik gehen. Alle Parteien brauchen mehr Mitglieder mit grünem Engagement.

96

‐ ‐ ‐ ‐ ‐

Verschenk Erlebnisse

WER SCHON ALLES hat, braucht es nicht in doppelter Ausführung.

Die meisten freuen sich über ein Erlebnis als Geschenk. Nicht nur der Empfänger, sondern auch Klima und Umwelt.

Verschenk eine Stunde Massage oder eine Kinokarte, eine Jahreskarte fürs Museum oder einen Ausflug mit einem Vogelkundler, ein Opernticket oder einen Spa-Besuch, eine Bibersafari oder einen Radausflug mit Picknick, Hilfe bei der Hausrenovierung oder eine Wanderung mit Übernachtung im Unterstand, einen Kajakkurs oder ein Essen mit einer Flüchtlingsfamilie. Warum nicht eine Patenschaft oder eine Spende an eine Wohltätigkeitsorganisation verschenken, die sich für Kinder, Tiere oder Umwelt engagieren?

Es gibt unzählige Varianten.

97

Beweg dich saisongerecht

WANDERN IM FRÜHJAHR, Schwimmen im Sommer, Paddeln im Herbst und Skifahren im Winter. Die Umkehrung der Jahreszeiten führt unvermeidlich zu erhöhtem Energieverbrauch.

Viele von uns haben über skifahrende Menschen auf Kunstschnee im Shoppingcenter von Dubai gelächelt.

Aber das ist eigentlich auch nicht schlimmer oder energieintensiver als der Bau von tropischen Spaßbädern in den nördlichen Ländern. Oder Ganzjahrestunnel für den Skilanglauf. Oder mit dem Auto zum Sport zu fahren. Oder Kunstrasenplätze mit Heizschleifen.

Weiterhin haben Studien gezeigt, dass Bewegung bei Tageslicht einen besseren Effekt auf unsere Konstitution hat. So ist ein Spaziergang in der Sonne tatsächlich effektiver als die gleiche Anstrengung zu Hause auf dem Laufband. Aktivitäten unter freiem Himmel reduzieren Fettmasse und erhöhen die Muskelmasse viel mehr als das Schwitzen im Studio.

Draußen ist besser als drinnen – immer, zu jeder Jahreszeit.

98

Spazier dich gesund

SPAZIER DICH GESUND – und schlau. Wer täglich tüchtig zu Fuß geht, braucht eigentlich keine Bewegung mehr.
Aber lass die Stöcke zu Hause. Die Kunst des Spazierens ist in erster Linie ein sinnliches Vergnügen für Kopf und Körper. Kein Sport.

Außerdem lässt es sich beim Spaziergehen gut nachdenken. Oder wie es die alten Römer sagten: Solvitur ambulando – man löst (das Problem), während man geht.

Wenn man auf dem Spaziergang genug nachgedacht hat, kann man einem guten Podcast oder Hörbuch lauschen.

Halte Meetings, wenn es geht, bei Spaziergängen im Freien ab.

99

Reise behutsam

SCHON BEVOR du die Reise buchst, solltest du im Internet nach Reiseunternehmen suchen, die sich mit Ökotourismus beschäftigen.

Der Begriff Ökotourismus bezieht sich auf Wirtschaft und Ökologie. Die Idee ist, dass Tourismus so nachhaltig wie möglich sein sollte und das Geld der Urlauber der örtlichen Bevölkerung zugutekommt.

Such nach umweltzertifizierten Hotels. Sie haben ein gutes Abwassersystem und verschwenden weder Einwegartikel noch Wäsche. Außerdem wird umweltbewusst auf das geachtet, was im Restaurant serviert und im Hotelshop verkauft wird.

Denk über den Zugang zu Wasser am Reiseziel nach. Wenn du denkst, dass Wasser dort knapp ist, entschiede dich für eine Unterkunft ohne Pool.

Mach umweltfreundliche Kreuzfahrten. Bestimmte Fahrzeuge verfügen über katalytische Abgasreinigung und nutzen Umwelttreibstoff. Andere nicht.

Halt nach Tieren Ausschau. Die beste Methode, Arten wie Afrikas Gorillas und die Wale der Meere zu erhalten ist es, sie Touristen zu zeigen, statt sie zu töten.

Mach deinen Urlaub zum interessanten Erlebnis, indem du mit einer Freiwilligenorganisation fährst: Bau eine Schule, rette vom Aussterben bedrohte Schildkröten oder pflanz einen Wald.

Sei gewissenhaft.

Kauf keine Souvenirs, die vermutlich aus bedrohten Tieren hergestellt wurden.

Nimm nichts mit nach Hause, das bleiben sollte, lass nichts dort, was mit nach Hause sollte.

100

Mach Kinder mit der Natur vertraut

ZEIG DEN KINDERN, dass die Natur etwas Wertvolles ist, das bewahrt werden muss. Wir wissen, dass sich Kinder, die mit der Natur vertraut sind, eher für deren Erhalt und eine nachhaltige Lebensweise engagieren.

Bau Hütten mit den Kindern – paddelt, geht zelten, wandert, schnitzt Vogelhäuschen, pflanzt Büsche für Schmetterlinge, nagelt ein Schlafhaus für Igel zusammen, schlaft in einem Unterstand, baut Unterkünfte für Fledermäuse, grillt Marshmallows, fangt Kaulquappen und beobachtet, wie sie zu Fröschen werden, sucht euch eine Ausflugsstelle, an der ihr picknickt. Mach es interessant.

Bring den Kindern bei, dass Wochenende einen Ausflug mit Thermoskanne und Picknickkorb bedeutet. Egal wo, egal wann, egal wie.

Wir müssen den Kindern die Welt zeigen.

Wir müssen den Kindern zeigen, dass es sich lohnt, die Welt zu retten.

Kommentare

NACHHALTIG – IN JEDER HINSICHT

In Schweden definierte die Brundtlandkommission Nachhaltigkeit zum ersten Mal im Jahr 1987.

ISS KLUG

23. Laut schwedischer Naturschutzbehörde werfen die Schweden 35 Prozent der gekauften Lebensmittel weg. Das entspricht 74 Kilo pro Person und Jahr.

39. Der WWF-Fischratgeber zu den Arten, die verzehrt werden können, und denen, die man meiden sollte, ist als App oder Ausdruck über die Homepage erhältlich (wwf.de).

40. Die Zahlen stammen vom SIK, dem schwedischen Institut für Lebensmittel und Biotechnik, das derzeit mit den RISE Research Institutes of Sweden mit Sitz in Göteborg zusammengeführt wird.

ENERGIE VERSTEHEN

55. Die Zahlen zu den Emissionen des größten Kreuzfahrtschiffes der Welt, der „Harmony of the Seas", stammen aus The Guardian, 21. Mai 2016.

60. Die Zahlen zum Rückgang der Fahrradnutzung bei Kindern stammen aus einer Öko-Sendung mit dem Titel „Kinder fahren weniger Rad – eine Bedrohung für die Gesundheit" (Radio Sweden/Ekot).
   Das Versicherungsunternehmen IF befragte 1000 Schulleiter im Jahr 2017 unter anderem zum Verkehrsrisiko durch Eltern, die ihre Kinder zur Schule fahren.

WERDE CHEMIEFORSCHER

79. Die Zahlen zum Einfluss von Stoff- bzw. Plastiktüten auf die Umwelt stammen vom Forscher Stig-Olof Hom (Umeå), der von SVT in einem Beitrag unter der Überschrift „Forscher: Papiertüten verursachen höhere Emissionen als Plastiktüten" zitiert wird. Eine dänische Studie für die Zeitschrift Aktuel Hållbarhet wies dasselbe nach. Die Forscher wendeten 16 unterschiedliche Umweltparameter an, als sie 16 verschiedene Materialien testeten, und kamen zu der Erkenntnis, dass LDPE-Plastik für normale Tüten in einem Geschäft insgesamt den geringsten Einfluss auf die Umwelt hat.

MACH DAS BESTE AUS DEINEM DASEIN

81. Die Zahl 88 Milliarden Bäume, eigentlich 87.572.940.000, stammt von der schwedischen Reichswaldtaxierung (Riksskogstaxering).

82. Artendatenbanken sind eine Wissensquelle, aber denk daran, dass du dich auch selbst als Berichterstatter anmelden kannst. Auch dein Wissen wird benötigt.

83. Achte darauf, dass dein Geld grün arbeitet.

87. Mehr zu etablierten Umweltsiegeln ist auf den jeweiligen Homepages zu finden:

→ TCO certified – tcocertified.de

→ MSC – msc.org

→ ASC – asc-aqua.org

→ FSC – fsc.org

→ GOTS – global-standard.org

→ EU-Blume – ecolabel.eu

→ EU-Sternenblatt – ec.europa.eu

→ Rainforest Alliance – rainforest-alliance.org

Weitere Kennzeichnungen

→ Fairtrade – fairtrade.de

→ UTZ Certified – utz.org

→ EU-Energieverbrauchskennzeichnung – umweltbundesamt.de/themen/klima-energie/energiesparen/energieverbrauchskennzeichnung

→ Oeko-tex – oeko-tex.com

93. Die Homepage deiner eigenen Gemeinde oder deiner Landesregierung findest du vermutlich selbst.

95. Einige Organisationen, die sich mit Umwelt- und Klimafragen beschäftigen, sind:

→ Weltnaturfonds WWF – wwf.de

→ Naturschutzbund NABU – nabu.de

→ Greenpeace – greenpeace.de

→ Deutsche Ornithologen-Gesellschaft – do-g.de

→ BUND e.V. – bund.net

Bildregister

Sämtliche Bilder von Johnér bildbyrå